Jürgen Christ

Bilder ✻ Berge ✻ Bürgermeister

Göppinger und andere Geschichten

Manuela Kinzel Verlag

Impressum:

Manuela Kinzel Verlag
73037 Göppingen * 06844 Dessau-Roßlau

www.manuela-kinzel-verlag.de
info@manuela-kinzel-verlag.de

1. Auflage 2020

ISBN 978-3-95544-143-2

Inhaltsverzeichnis

Vorwort

„Kunst ist schön, macht aber viel Arbeit", sagte einst Karl Valentin. Das trifft irgendwie auch auf die Schreibkunst zu, aber ich will hier keineswegs künstlerisch oder literarisch tätig werden, sondern nur ein paar Geschichten aus meinem Leben erzählen, und das macht ebenfalls Arbeit, aber auch Spaß! Warum schreibt man überhaupt, wenn es nicht der Beruf verlangt, und der liegt in meinem Fall ja weit zurück. Es sind die verschiedensten Antworten in Umlauf, vom Zwang zum Schreiben, vom Schreiben als Problembewältigung und vom Glück des Schreibens. Bei meinen bisherigen Aufschrieben, die zu einem Buch geworden sind, haben – je nach Thema – alle diese Gründe schon eine Rolle gespielt.

Wenn ich jetzt wieder einmal zu Papier und Schreibstift greife, so vor allem deshalb, weil es mir Freude macht, einige alte Geschichten noch einmal Revue passieren zu lassen und ihnen eine Form zu geben – schöner und hässlicher, vergnüglicher und deprimierender und manchmal hoffentlich auch spannender Geschichten. Aber ich wünsche mir natürlich, dass auch andere Freude daran haben oder sie wenigstens lesenswert finden, zum Beispiel Leute, die an der jüngeren Göppinger Stadtgeschichte interessiert sind, oder hiesige Bergsteiger oder Kunstfreunde.

Der Theologe und Philosoph Sören Kierkegaard hat einmal sinngemäß gesagt, man lebe in die Zukunft, und man verstehe aus der Vergangenheit. Im Rückblick habe ich bei der Aufarbeitung der Begebenheiten tatsächlich immer wieder Dinge gesehen und Zusammenhänge entdeckt, die mir als damals aktiv Handelndem verborgen geblieben oder nicht bewusst gewesen sind. In den wichtigen Fragen hätte ich mich aber meistens wieder so entschieden wie geschehen. Einige der beschriebenen Ereignisse haben sich vor so langer Zeit zugetragen, dass die

Zahl der Zeitgenossen, darunter auch damaliger Göppinger Stadträte, nicht mehr besonders groß ist. Mit Ausnahme des Baubürgermeisters Reinhard Schuckenböhmer sind auch die Kollegen von damals entweder gestorben (Oberbürgermeister Dr. Herbert König) oder weggezogen (die Oberbürgermeister Hans Haller und Reinhard Frank) oder vorzeitig aus dem Dienst geschieden (Finanzbürgermeister Uwe Bähr). Unter ihnen mag mancher manche Begebenheit anders in Erinnerung haben und von meiner Sicht der Vorgänge überrascht sein. Wichtiger ist, dass in einigen Bereichen der Stadt große Fortschritte zum Nutzen der Bürger gemacht worden sind, und dass zum Beispiel mit der Städtischen Kunsthalle oder der Stadtbibliothek im Adelberger Kornhaus kulturelle „Leuchttürme“, wie man heute gerne sagt, geschaffen wurden. Auch kann hier noch einmal nachvollzogen werden, unter welch schwierigen Umständen – gerade auch finanzieller Art – liebgewonnene und heute als Selbstverständlichkeit betrachtete öffentliche Einrichtungen und Angebote entstanden oder auf einen zeitgemäßen Stand gebracht worden sind.

Für die meisten Menschen waren und sind Familie und Beruf das Wichtigste im Leben, und ich schließe mich da nicht aus. Aber auch die Natur, deren Teil wir Menschen schließlich sind, zu begreifen und möglichst aktiv zu erleben, gehörte seit den Jugendjahren zu meinen Grundbedürfnissen. Ähnliches gilt bis heute für die intensive Beschäftigung mit der Kunst, besonders auch mit den so genannten schönen Künsten, deren Betreuung, soweit für Göppingen relevant, ebenfalls zu meinen Aufgaben als „Kulturbürgermeister“ gehörte. Dem entsprechend dürfen hier Geschichten aus beiden Gebieten nicht fehlen.

Sozialisation nennt man den Vorgang, auf welche Weise und von welchen Menschen und Kräften ein junger Mensch erzogen und auf das Leben vorbereitet wird. Die Kapitel „Über Familie und Vorfahren“ sowie „Frühe Prägungen“ zeigen in einigen

Skizzen Menschen, Ideen und Ereignisse, die mich beeinflusst und meinen inneren Kompass mitbestimmt haben.
Seit der mit dem Assessorexamen im Jahr 1965 erworbenen „Befähigung zum Richteramt“ habe ich zuweilen – besonders im beruflichen Zusammenhang – einen Sprach- und Schreibstil gepflegt, in dem ein Wort klar wie eine Zahl und ein Satz deutlich wie eine Tatsachenfeststellung sein sollte. Ambivalenz und Emotion sollten möglichst außen vor bleiben. Aber schon meine kommunalpolitische Tätigkeit verlangte eine Abkehr von solchen Gewohnheiten, kam es doch darauf an, von allen verstanden zu werden und mindestens die Gemeinderäte zu überzeugen. Wenn ich nun zwei Jahrzehnte später persönliche Erinnerungen und Eindrücke wiedergebe, sind sie natürlich subjektiv und zuweilen von Emotionen begleitet. Fake stories – das versichere ich hier – sind jedenfalls keine dabei.

Göppingen, im August 2020

Dr. Jürgen Christ

I. Meine ersten Jahre als Bürgermeister in Göppingen

Als ich – im 20. „Regierungsjahr“ von Oberbürgermeister Dr. Herbert König – Anfang Juni 1974 das Göppinger Rathaus als neuer Bürgermeister betrat, erwartete mich ein breites und ziemlich buntes Betätigungsfeld. Neben der Hoheitsverwaltung (Öffentliche Sicherheit und Ordnung, Ausländer, Baurecht, Straßenverkehr, Waffen usw.) waren im Dezernat des Ersten Beigeordneten die städtischen Schulen, das Sozialamt mit seinen zahlreichen Einrichtungen für Jung und Alt, das Kulturamt und die in seinem Umfeld tätigen Institute wie Jugendmusikschule, Stadtbibliothek, Volkshochschule, Archiv und die Museen angesiedelt.

GÖPPINGER KREISNACHRICHTEN Seite 13

„Protestwähler“ gibt's offenbar auch im Gemeinderat

Nur neues Duo statt Trio in den Chef-Etagen

Göppinger Dreifach-Wahl geplatzt
Grund: Der vierte „Rückzieher“
26:4 Stimmen für BM Dr. Christ
Künftiger Baudirektor: R. Schuckenböhmer

Neuwahl des Führungspersonals in Göppingen, März 1974, von links: Dr. Jürgen Christ mit Ehefrau Hannelore Christ-Markert, Reinhard Schuckenböhmer

In den Augen eines tatenfrohen Mittdreißigers war es ebenso reizvoll wie notwendig, bisherige Ziele und Strukturen der Ämter und Angebote kritisch zu überprüfen und neue, fortschrittliche Ziele zu setzen. Die kulturellen Aktivitäten und Einrichtungen erschienen dabei für Verbesserungen besonders geeignet und in Einzelheiten auch durchaus bedürftig, zumal sie zu den wirklich freiwilligen Aufgaben der Kommunen gehörten, die von staatlichen Reglements noch weitgehend verschont waren.

1. Die Schulen

Der Schulbereich mit seinen zwei Dutzend städtischen Schulen und seinerzeit rund 10.000 Schülern glich gegenüber den unterschiedlichen Kultureinrichtungen eher einem großen, für flotte Manöver wenig geeigneten Dampfer. Auf dessen Decks war allerdings immer etwas los, und für dessen Fortkommen brauchte man zuerst Pragmatismus in Sachen Räume (immer zu wenig!), Personal, Ausstattung, Lehr- und Lernmitteln und so fort.

Bei genauerem Hinsehen waren aber planerische Phantasie und Weitsicht gefragt vor dem Hintergrund, dass einerseits die Schülerzahlen im Realschul- und Gymnasialbereich weiterhin anstiegen und andererseits die gesetzlich verordnete Übernahme des Berufsschulwesens durch den Landkreis mittelfristig die Räumung von Gebäuden und Grundstücken erwarten ließ, die planerisch und baulich „verarbeitet" werden mussten. Die ehrgeizigen Bauabsichten von Landrat Dr. Paul Goes für ein neues Berufsschulzentrum mussten nämlich über kurz oder lang dazu führen, dass zum Beispiel die städtischen Gebäude und Werkstätten der Gewerblichen Berufs- und Meisterschule an Nordring und Marstallstraße, der Kaufmännischen Berufsschule mit Handelsschule und Wirtschaftsgymnasium an der Grabenstraße, dem heutigen Spitalplatz, und an der Jahnstraße und auch die Räume der Frauenberufs- und Berufsfachschulen im Alten Kasten zur Disposition standen. Deren Einordnung in die städtische Raum- und Schulplanung sollte mich mit den Amtsleitern Fritz Werwigk und Manfred Mißler vom Schulverwaltungsamt, die Gemeinderäte und die staatliche Schulverwaltung noch jahrelang und intensiv beschäftigen.

Demgegenüber vollzog sich die Gründung der dritten Göppinger Realschule in Holzheim im Jahre 1977 recht zügig, auch weil der Oberbürgermeister den gleichen Ambitionen des Ver-

waltungsverbandes Östlicher Schurwald für eine neue Realschule in Rechberghausen zuvorkommen wollte. Immerhin hatte Göppingen schon seit Jahren einige Realschulklassen in das Holzheimer Schulhaus auslagern müssen, die in den Innenstadt-Realschulen nicht mehr untergebracht werden konnten. Der Vorschlag aus dem Gemeinderat, die neue Schule nach Hermann Hesse zu benennen, weil der berühmte Schriftsteller einst die Göppinger Lateinschule besucht hatte, gefiel mir zwar nicht; denn nach Vita und Werk kann Hesse – bei allem Respekt – wohl nicht als geeignetes Vorbild für Realschüler angesehen werden. Der Gemeinderat machte sich solche Gedanken nicht, und seitdem bildet die neue Schule mit dem Namen Hesse gerne einen literarischen Reigen mit den nach Friedrich Schiller und Ludwig Uhland benannten Schwesterschulen im Stadtzentrum. Einige Jahre später bekam aber auch Rechberghausen seine Realschule.
Nach jahrelangen Diskussionen über Aufgaben und Unterbringung der bisher im Dachgeschoss der Schillerrealschule mehr schlecht als recht untergebrachten und von Rektor Dieter Maurer mit großem Eifer betreuten Pestalozzi-Sonderschule beschloss der Gemeinderat im April 1978 endlich auch einen Neubau für diese Einrichtung, und zwar in unmittelbarer Nachbarschaft zur Albert-Schweitzer-Grund- und Hauptschule.
Außerdem gab der Gemeinderat grünes Licht für meinen Vorschlag, dem Bau der „Freien Waldorfschule Filstal“ in Faurndau zuzustimmen. Die Gemeinde Faurndau hatte vor ihrer Eingemeindung nach Göppingen neben der Grund- und Hauptschule Haier ein größeres Baugelände für eine weiterführende Schule oder für ein Sportzentrum vorgehalten, mit deren Realisierung aber nicht mehr zu rechnen war. Für den Förderverein Waldorfschule Filstal war das Angebot dieses Geländes ein Glücksfall, den er beherzt nutzte. Gegen die – aus städtischer Sicht willkommene – Bereicherung der Göppinger Schullandschaft

erhob sich allerdings breiter Widerstand seitens der Faurndauer Lokalpolitik, der Haierschule und der Nachbarschaft, an dem sogar die Kirchen glaubten, teilnehmen zu müssen. Entsprechende Gerichtsverfahren gegen Stadt und Verein blieben jedoch erfolglos.

Werner-Heisenberg-Gymnasium und Sonderbriefmarke und -stempel zum 100. Geburtstag des Nobelpreisträgers

Als Gewinn konnte im Frühjahr 1975 auch die „Taufe" des vierten Göppinger Gymnasiums, welches 1968 als „Progymnasium" in Holzheim gestartet war, auf den Namen Werner Heisenberg verbucht werden. Der berühmte Atomphysiker und Nobelpreisträger ließ es sich nicht nehmen, nach Göppingen zu kommen und in dem mittlerweile ins Bodenfeld umgezogenen Gymnasium eine sehr persönliche Festrede zu halten. Dabei war es für den Schulbürgermeister gar nicht einfach, dem von Schulleiter Claus Anshof gemachten Namensvorschlag im Gemeinderat zu einer Mehrheit zu verhelfen, hatten zunächst doch der Oberbürgermeister und mancher Stadtrat lokalen Größen aus der Vergangenheit wie etwa dem Mathematiker Michael Mästlin oder dem Baumeister Heinrich Schickhardt den Vorzug geben wollen.

Für später sah die städtische Schulplanung den Umzug des Gymnasiums vom Schulgebäude Bodenfeld in die Jahnstraße 4 vor, sobald das dort untergebrachte Wirtschaftsgymnasium in das neue Gewerbeschulzentrum des Landkreises an der Öde umgezogen wäre. Während aber die Errichtung des 3. Bauabschnitts des Berufsschulzentrums immer weiter hinausgeschoben wurde, gewöhnte sich das Heisenberg-Gymnasium allmählich an die schöne Umgebung mit Freibad und alten Bäumen im Bodenfeld und forderte für einen längeren Verbleib in der Bodenfeldschule zusätzliche Baumaßnahmen. Die Lösung brachte im Sommer 1980 der überraschende Vorschlag von Landrat Dr. Paul Goes, den dritten Bauabschnitt sofort zu bauen, wenn die Stadt bereit wäre, den nicht durch Staatsmittel gedeckten Baukostenanteil von rund 7 Millionen DM vorzufinanzieren. Nach einigen Verhandlungen geschah es dann auch so: Der dritte Bauabschnitt des Berufsschulzentrums wurde zusammen mit dem zweiten Abschnitt in den ersten 80er Jahren gebaut, und die Vertreter des Heisenberg-Gymnasiums wurden 1984 mit sanftem Druck und einigen Versprechungen dazu bewegt, dem Umzug schließlich zuzustimmen. Für die Stadt Göppingen bedeutete diese Hilfestellung für den Landkreis einen scharfen

Einschnitt in die Finanzplanung und ein fühlbares Opfer. Dem Bürger aber ist es ziemlich einerlei, aus welcher Kasse solche dringenden Projekte schließlich finanziert werden.

2. Soziales

Im Sozialbereich schienen der Nachholbedarf gering und große Neuerungen zunächst unwahrscheinlich. Zusammen mit den Kirchen war die Stadtverwaltung aber laufend damit beschäftigt, den ständig steigenden Bedarf an Kindergartenplätzen zeitnah zu befriedigen. Sie ließ sich dies neben dem eigenen finanziellen Aufwand schon damals hohe Förderbeiträge für Bau und Betrieb der Einrichtungen der kirchlichen Träger kosten. Hinzu kamen die beträchtlichen Mittel für Kindertagheime und Schülerhorte der Stadt, die ebenfalls in immer größerem Umfang gefragt waren.
Um die Bereitstellung der erforderlichen Alteneinrichtungen, vom klassischen Altenheim über betreutes Wohnen bis zu Pflegeheimen, kümmerte sich unter der erfahrenen Leitung meines Vorgängers im Amt, Dr. Alfred Schwab, der Verein Wilhelmshilfe. Mit der Begründung, dies alles sei eigentlich eine kommunale Aufgabe, wurde als Beitrag der Stadt in der Regel die unentgeltliche Überlassung der benötigten Grundstücke erwartet – und gewährt – sowie gegebenenfalls weitere Fördergelder und -maßnahmen.
Ein schöner Erfolg im Sozialbereich war die schon 1976 von Sozialamtsleiter Karl Baur initiierte Einrichtung der ersten städtischen Altenbegegnungsstätte in Göppingen, und zwar im ehemaligen Haus Poststraße 3. Später wurde sie in das benachbarte Haus Wilhelm verlegt, als die Wilhelmshilfe das Grundstück in

der Poststraße zum Bau ihrer neuen Wohnanlage brauchte. Von Bedeutung war auch die Gründung von drei Sozialstationen für Göppingen und einige Umlandgemeinden, für deren Betrieb und Trägerschaft die beiden Kirchen und die Wilhelmshilfe gewonnen werden konnten.

Erwähnt werden soll schließlich auch die Wiederbelebung des „klinisch bereits toten Club Remise" (Originalton NWZ) im Herbst 1976. Die 1968 gegründete, kulturell aktive Jugendinitiative hatte sich mit einem „Peter Rohland-Gedächtnisfestival" finanziell verkalkuliert und wegen Überschuldung ihre Auflösung beschlossen. Einer selbstverwalteten Jugendeinrichtung stand ich selbst grundsätzlich positiv gegenüber und arbeitete deshalb zusammen mit dem Kollegen Uwe Bähr einen Vergleichsvorschlag aus, mit dessen Annahme durch die Gläubiger der Konkurs abgewendet wurde. Der Club Remise konnte seine Arbeit – mit städtischer Förderung – noch viele Jahre mit wechselndem Geschick fortsetzen. Sie endete erst 1989, als das Clublokal im Haus Illig nach jahrelangem Streit mit den Nachbarn und der Stadt wegen Alkoholmissbrauch, Drogen und nächtlichen Ruhestörungen aus polizeilichen Gründen geschlossen werden musste.

3. Die Kultureinrichtungen

Echte und in absehbarer Zeit durchführbare Innovationen erschienen mir aber besonders im Kulturbereich mit seinen kreativen Aktivitäten und von guten Mitarbeitern geführten Einrichtungen möglich. Es fiel mir auch nicht schwer, Gemeinderäte von der Notwendigkeit eines guten Projekts zu überzeugen; eine Chance der Verwirklichung hatten solche Vorschläge aber

nur, wenn dafür notwendige Mittel alsbald und schneller als innerhalb der regulären jährlichen Haushaltsplanberatungen bereitgestellt werden konnten. Von Anfang an und jedes Jahr neu gab es nämlich bei den wochenlangen Beratungen des Gemeinderats einen quälenden Kampf um die Finanzierung neuer Projekte. Waren sie nicht vom Oberbürgermeister selbst auf den Weg gebracht oder, wie häufig im Schul- oder Sozialbereich, von offensichtlicher Dringlichkeit, so wurden sie in die sogenannte Prioritätenliste eingereiht und damit häufig genug auf die lange Bank geschoben. Wenn es aber gelang, für ein wichtiges Projekt wesentliche Zuschüsse zu organisieren, möglicherweise noch solche, die nur innerhalb eines begrenzten Zeitraums zur Verfügung standen, dann hatte ein solches Vorhaben auch die Chance, schneller verwirklicht zu werden als in den gemächlichen Schritten der Finanzplanung.
Es ist mir zusammen mit den Kollegen Reinhard Schuckenböhmer (Baubürgermeister) und Uwe Bähr (Finanzbürgermeister) glücklicherweise mehrfach gelungen, beträchtliche Fördermittel für Investitionen im kulturellen Bereich zu aktivieren, sodass eigentlich alle Kultureinrichtungen der Stadt noch in den 70er Jahren einen großen Sprung nach vorne machen konnten. Die wichtigsten Projekte waren

- der Umbau des Adelberger Kornhauses für die Stadtbibliothek,
- der Ausbau des Hauses Illig für die Jugendmusikschule, den Club Remise, ein Zimmertheater und zwei Künstlerateliers und
- der Umbau der Gründerzeitvilla Roth in der Schillerstraße für die Volkshochschule.

3.1 Begonnen hatte der Modernisierungsschub allerdings mit dem **Städtischen Museum im Storchen**, und dies ohne irgendwelche Zuschüsse. Das Museum besaß zwar hochwertige Sammlungen in dem sicher schönsten historischen Gebäude von Göppingen, aber sein neuer Leiter Dr. Dieter Kauß beklagte zu Recht, dass seine Schätze mangels Heizung monatelang zum Winterschlaf verurteilt seien. Um dem abzuhelfen, folgte der Gemeinderat überraschend schnell unserem Vorschlag, den Storchen mit einer Zentralheizung auszustatten. Sie wurde im Sommer 1976 unter größtmöglicher Rücksichtnahme auf den alten Baubestand für ca. 130.000 DM eingebaut, und das Museum konnte im September des gleichen Jahres mit der Präsentation zahlreicher Neuerwerbungen, vor allem aber ganzjährig, wiedereröffnet werden.

3.2 Das nächste Projekt, die Bereitstellung eigener Räume für die unter ihrem neuen Leiter Dr. Elmar Sawatzki stark expandierende **Städtische Volkshochschule**, war etwas teurer und dauerte auch länger. In wieviel städtischen und anderen Gebäuden die Volkshochschule Mitte der 70er Jahre ihr schon damals reichhaltiges Programm durchführte, ist kaum noch nachvollziehbar, aber ich erinnere mich an viele Klagen und Streitigkeiten zwischen der Einrichtung und einzelnen Schulen über dieses Thema. Schon zur Vermeidung solcher Misshelligkeiten, aber auch um eine gewisse Unabhängigkeit der Volkshochschule zu erreichen, sollte die Einrichtung bei nächster Gelegenheit möglichst ein eigenes Haus bekommen. Damals im Gemeinderat einen Neubau zu fordern, wäre von vornherein, nicht nur aus finanziellen Gründen, aussichtslos gewesen. Aber unter den städtischen Gebäuden in der Innenstadt fand sich doch schon 1976 ein für den Start der Volkshochschule in die Eigenständigkeit geeigneter Altbau, die 1970 eigentlich zum Abbruch gekaufte Fabrikantenvilla Roth in der Schillerstraße 18. Nachdem das Landesdenkmalamt einen ordentlichen Zuschuss von 150.000,-- DM für eine denkmalgerechte Renovierung in Aussicht gestellt hatte und das vermietete Gebäude kurzfristig freigemacht werden konnte, wurde das Haus für insgesamt rund 600.000,-- DM zweckmäßig umgebaut und ausgestattet, so auch mit einem

Fotolabor. Nach der Einweihungsfeier im September 1978 konnte die Volkshochschule endlich über einen Mindestbestand von eigenen Räumen verfügen, blieb aber natürlich auf Schulräume, Turnhallen und andere „fremde" Räumlichkeiten weiterhin angewiesen.
Bei den nächsten beiden Projekten handelte es sich um millionenschwere Bauvorhaben: Die Renovierung und den Ausbau des Adelberger Kornhauses für die Stadtbibliothek und den Umbau des Hauses Illig für die Jugendmusikschule und andere kulturelle Zwecke.

3.3 Die seit den 50er Jahren in einem alten Wohnhaus in der Wilhelmstraße untergebrachte Städtische Bücherei hatte im Laufe der Zeit einen derartigen Umfang angenommen, dass sie aus allen Nähten platzte. Durch die beengten Verhältnisse wurde der normale Bibliotheksbetrieb zunehmend behindert, und angesichts der Belastung durch Bücher und Besucher machte man sich sogar Sorgen um die Standfestigkeit des Gebäudes. Das Hochbauamt der Stadt bezweifelte die Tragfähigkeit der Decken und verlangte tatsächlich eine Begrenzung des Buchbestandes und eine Einschränkung des Betriebs. Es war danach klar und anerkannt, dass die inzwischen in Stadtbibliothek umbenannte Einrichtung in absehbarer Zeit ein neues Zuhause brauchen würde. Wie und wo und zu welchen Kosten man aber ein genügend großes Funktionsgebäude bereitstellen könnte, wurde lange und mit ganz unterschiedlichen Konzepten diskutiert. Mein ausführlich begründeter Vorschlag vom Februar 1977, das historische **Adelberger Kornhaus für die Stadtbibliothek** zu sanieren und umzubauen, wurde schließlich akzeptiert, obwohl Oberbürgermeister Dr. König dort eigentlich eine Art Hofbräuhaus etablieren wollte, um den Fremdenverkehr zu fördern. Das in diesem Jahr zur Belebung der schwachen Konjunktur aufgelegte Zukunftsinvestitionsprogramm von Bund und Län-

Stadtbibliothek im spätmittelalterlichen Adelberger Kornhaus

dern (ZIP) brachte den Durchbruch, weil für das städtebaulich und kulturell bedeutende Vorhaben ein Staatszuschuss von bis zur Hälfte der anerkannten Baukosten erwartet werden konnte; diese waren im ersten Anlauf auf 3,4 Millionen DM geschätzt worden.
Von dem Grundsatzbeschluss im Oktober 1977 und der Beauftragung der Architekten Rainer Eich, Göppingen, und Heinz Bauer, Ebersbach, bis zur Einweihung der neuen Stadtbibliothek im November 1981 durch den neuen Oberbürgermeister Hans Haller vergingen noch vier aufregende Jahre mit zahlreichen Planänderungen, Kostensteigerungen und anderen Problemen. Dabei spielte der nachträgliche Beschluss des Gemeinderats, das Gebäude vollständig zu unterkellern, um dort noch eine Kinderbücherei einrichten zu können, die Hauptrolle, denn er machte auch die Unterfangung des alten Bauwerks und aufwändige Schutzmaßnahmen gegen das Grundwasser erforderlich. Die Baukosten stiegen deshalb bis zur Einweihung auf 5,7 Millionen DM, denen immerhin fast 1,57 Millionen DM staatliche Förderung gegenüberstanden. Der doppelte Gewinn des Großprojekts, der Stadtbibliothek ein zukunftsfähiges, stabiles und schönes Haus verschafft und gleichzeitig ein stadtgeschichtlich bedeutendes Baudenkmal mit neuem Leben erfüllt zu haben, fand schließlich allgemein große Anerkennung. Darüber geriet die Aufregung über die Kostensteigerungen bald in den Hintergrund. Der Entwicklung dieses schwierigen Projekts habe ich später eine eigene „Geschichte" gewidmet (s.u.).

3.4 Einen ähnlichen Verlauf nahm das zweite Großprojekt aus dem Kulturbereich, die Sanierung und der Ausbau des Gründerzeitgebäudes Friedrich-Ebert-Straße 2, **Haus Illig** genannt, **für die Jugendmusikschule und andere kulturelle Zwecke.** Von der früher dort untergebrachten Druckerei Illig hatte das Gebäude den Namen geerbt. Es war vor Jahren zum Abriss gekauft worden,

um die Friedrich-Ebert-Straße als Zufahrt zu dem seit langem geplanten neuen Rathaus am Theodor-Heuss-Platz zu ertüchtigen. Entsprechend waren dort – lediglich auf Widerruf – der Künstler Klaus Heider mit seinem Atelier und der Club Remise, die genannte kulturelle Jugendinitiative, untergebracht worden. Weil aber ein Rathausneubau angesichts anderer Prioritäten immer unwahrscheinlicher geworden war, und weil das Landesdenkmalamt diesen schönen, alten Backsteinbau zusammen mit dem Gebäude der Uhlandrealschule als schutzwürdiges Ensemble eingestuft hatte, war an einen Abriss des Hauses Illig schon länger nicht mehr zu denken. Unausgesprochen befand sich das Bauwerk im Wartestand für eine neue Zweckbestimmung.
Die 1972 auf Initiative des städtischen Kulturamtsleiters Ermbrecht Frentzel-Beyme gegründete städtische Jungendmusikschule hatte bis zur Mitte des Jahrzehnts schon über 700 Schüler, die von zwei hauptamtlichen und mehreren nebenamtlichen Lehrkräften unterrichtet wurden. Dies geschah mangels eigener Räumlichkeiten in Schulräumen, aber sowohl die steigende Nachfrage wie auch das Interesse an Instrumentalunterricht führten bald zu der Forderung zahlreicher Eltern und Musikfreunde nach eigenen Räumen der Musikschule. Der Vorschlag, das Haus Illig für die Jugendmusikschule und andere im Göppinger Kulturleben aktive Gruppen oder Vereine umzubauen, fand deshalb von Anfang an viele Befürworter. Als dann das von Bund und Ländern geplante Zukunftsinvestitionsprogramm (ZIP) zu Beginn des Jahres 1977 Gestalt annahm, wurde die davon erhoffte staatliche Förderung zum Katalysator des Projekts Haus Illig als Kulturzentrum.
Dem zustimmenden Grundsatzbeschluss des Gemeinderats vom November 1977 lag eine ausdrücklich vorläufige Kostenschätzung von 2,4 Millionen DM zugrunde. Mit der Planung und Ausführung wurden die Göppinger Architekturbüros Grässle

und Hoffmann/Ziegler betraut. Zur Begleitung und Überwachung der parallel laufenden Projekte Illighaus und Kornhaus setzte der Gemeinderat einen Sonderausschuss ein. Bis zum Baubeschluss im Februar 1978 wurden die geschätzten Kosten schon auf 3,2 Millionen DM angehoben. Sicherungsarbeiten wegen schlechter Bausubstanz, Programmänderungen zum Ausbau von Keller und Dachgeschoss und Ansprüche der zukünftigen Nutzer trieben die Kosten bis Juli 1980 auf 5,16 Millionen DM hoch. Der Gemeinderat sah sich deshalb gezwungen, die „Notbremse zu ziehen“ und einen Baustopp zu verhängen, bis Klarheit über alle noch zu erwartenden Kosten geschaffen sei. Bis zur Fertigstellung waren Gesamtkosten von 5,87 Millionen DM aufgelaufen, denen 1,5 Millionen DM öffentliche Förderung gegenüberstanden.
Im Mai 1982 konnte der Bau endlich eingeweiht und in allen Teilen in Betrieb genommen werden. Die Jugendmusikschule nahm in dem nach ihren Bedürfnissen umgebauten Haus einen ungeahnten Aufschwung, und das eindrucksvoll sanierte Baudenkmal entwickelte sich mit dem noch aktiven Club Remise, dem viel genutzten Zimmertheater, den Künstlerateliers und dem Kulturamt zu einem neuen kulturellen Schwerpunkt der Stadt. Vor diesem Hintergrund beruhigte sich die öffentliche Aufregung allmählich und machte bei manchen der Erkenntnis Platz, dass man für viel Geld auch viel bekommen habe.
Die turbulente Geschichte des Projekts habe ich ebenfalls in einem Extrabericht festgehalten (s.u.).

4. Rückblick

Die 70er Jahre waren für mich als „Schul-, Kultur-, Sozial- und Ordnungsbürgermeister“ in Göppingen eine sehr ertragreiche Zeit. In allen meinen Aufgabenfeldern konnte Wesentliches zum Vorteil der Stadt und ihrer Bürger neu geschaffen werden. Dass die eigentlich überfälligen beiden Großprojekte nur mit Hilfe überraschend aufgelegter Förderprogramme des Staates so schnell verwirklicht werden konnten, kann dem Kommunalpolitiker nicht gefallen, zeigt es doch, dass die Finanzierung der Kommunen im staatlichen Finanzsystem unzureichend ist. Sie brauchen mehr eigenständige, selbst verantwortete Einnahmequellen, anstatt an irgendwelchen großen Finanztöpfen prozentual beteiligt zu werden. Am Ende aber zählt das Ergebnis.
Auch im Sektor der staatlichen Verwaltung gab es Neues wie zum Beispiel die Aufstellung eines damals so genannten Ausländerberichts im Jahr 1979 mit der ersten umfassenden Darstellung von Situation und Problemen der seinerzeit rund 6.000 in Göppingen lebenden Ausländer. Ein Jahr später folgte der Gemeinderat meinem Vorschlag, einen paritätisch mit ausländischen Mitbürgern und Gemeinderäten besetzten **Ausländerbeirat** einzurichten; aus ihm wurde später ein beratender Ausschuss des Gemeinderats.
Vor allem aber im Kulturbereich ist es in wenigen Jahren gelungen, für alle Einrichtungen dringend benötigte neue Räumlichkeiten zu schaffen oder bereits vorhandene Kapazitäten wesentlich zu verbessern. Museum, Stadtbibliothek, Volkshochschule und Jugendmusikschule hatten jetzt eigene Räume, deren Verwendung sie selbst organisieren konnten. Die hervorragenden Mitarbeiter in all diesen Bereichen konnten darauf aufbauen und haben das Beste daraus gemacht.

II. Über Familie und Vorfahren

Dass die Eltern sich im heute so fernen Ostpreußen vor über 100 Jahren (1919) verliebt und dann irgendwann auch geheiratet haben, ist eine kleine Folge des großen Durcheinanders, welches der Ersten Weltkrieg in Deutschland angerichtet hat.
Der hessische Vater, Heinz Christ (1899-1970), war der zweite Sohn einer seit 200 Jahren in Oberhessen erfolgreichen Müllerfamilie. Der ältere Sohn, Louis, sollte die in Griedel bei Butzbach gelegene moderne „Kunstmühle" übernehmen, und der jüngere sollte Berufsausbildung oder Studium frei wählen dürfen. Bevor es aber dazu kam, starb 1916 sein Vater, und Bruder Louis zog in den Krieg. Der junge Heinz machte eilig das Notabitur in Butzbach, um noch rechtzeitig als Soldat seinem schwer kämpfenden Vaterland zu Hilfe zu eilen. Als Offiziersanwärter fand er 1917 Aufnahme in das im ostpreußischen Insterburg stationierte „37. Preußisch-Litthauische Artillerieregiment" und wurde als Fähnrich nach Galizien und in die Kämpfe an der Westfront befohlen. Nach dem Waffenstillstand 1918 und der Rückkehr in die Insterburger Garnison bildeten Mitglieder seines Regiments in Eile ein Freiwilligenkorps zum Schutz der Grenzen gegen russische Revolutionstruppen, dem er sich ohne Zögern anschloss. Bei deren Aktionen lernte er Emma kennen, Tochter des Großbauern Heinrich Geginat in Neunischken und gerade 16 Jahre alt. Die unschuldige Liebe fand bald ihr vorläufiges Ende, als Heinz im Sommer 1919 als Leutnant entlassen wurde und in die hessische Heimat zurückkehrte, um seine Ausbildung zu beginnen.
Die ostpreußische Mutter, Emma geborene Geginat (1903-2002), hielt ihrem geliebten „Heinzbruder" die Treue, bis er ihr endlich nach vielen Jahren die Ehe versprach. In der Zwischenzeit hatte er allerdings die Müllerschule im sächsischen Dippoldiswalde absolviert und ein Studium der Volks- und Betriebs-

wirtschaftslehre an der Universität Gießen abgeschlossen. Außerdem war er dort mit einem Mühlenwirtschaftsthema zum Dr. phil. promoviert worden. Aber er hatte auch eine schwere Polio-Erkrankung durchstehen müssen, als deren Folge er lebenslang am Stock oder am Arm einer Begleitperson gehen musste. Emmchen, wie er seine Frau gerne nannte, tat in ihrem fast 100jährigen Leben alles für ihre vier Kinder und ihren behinderten Mann, und der verständnisvolle Respekt der Eheleute untereinander ist mir und meinen drei Schwestern zum Vorbild geworden.

Besonders hat mich auch beeindruckt, wie zugewandt und herzlich trotz großer räumlicher Distanz die Verbindung zwischen der alten, bodenständigen Müllerfamilie Christ in Hessen und der in Ostpreußen stark verwurzelten Bauernfamilie Geginat gepflegt worden ist. Die Geginats und die mit ihnen nahe verwandten Valtinats waren „Preußisch-Litthauische" im Königreich Preußen. Ihre Vorfahren hatten Kriege und die große Pest (1709/10) überstanden und sich seit dem 18. Jahrhundert durch Heirat mit Einwandererfamilien aus Westdeutschland und der Schweiz (dem Toggenburg und dem Berner Land) verbunden. Zu ihnen gehörten auch Nachkommen von Salzburger Protestanten, die 1731 von dem Fürsterzbischof von Salzburg, Leopold Freiherr von Firmian, wegen ihres evangelischen Glaubens vertrieben und vom preußischen König Friedrich Wilhelm I. (dem „Soldatenkönig") aufgenommen und in Ostpreußen angesiedelt worden waren.

Als Spross einer derart bunten Ahnenschar passt man nicht mehr richtig in eines der landsmannschaftlichen Schemata von Hessen, Ostpreußen, Baden oder Schwaben. Man ist deutsch und aus Überzeugung auch europäisch, und man hat trotzdem eine Heimat oder sogar mehrere: Das Dorf Griedel, wo noch heute das Gebäude der großväterlichen Mühle steht, ist immer noch die Heimat meiner frühen Kindheit. Nach der Zerstörung des

Familienheimes in Mannheim durch einen schweren Bombenangriff 1943 hatten wir dort für drei Jahre Zuflucht gefunden. Mannheim ist die Heimat meiner Jugend und Schulzeit, weil der Vater dort seine Lebensstellung als Geschäftsführer der „Gesellschaft Süddeutscher Mühlen“ gefunden hatte. Der Gegensatz zwischen dem kaum beschädigten Griedel und der in Trümmern liegenden Stadt Mannheim hätte nicht größer sein können, als wir im Sommer 1946 dorthin zurückkehrten. Wir Kinder haben uns ziemlich rasch an die Trümmerberge und Ruinen gewöhnt; unbeobachtet dienten sie meinen Freunden und mir immer wieder als Abenteuerspielplatz.
Nach der Heirat und Gründung eines eigenen Hausstands wohnte unsere junge Familie noch eine Weile in Mannheim, dann in Schriesheim an der Bergstraße, später in Stuttgart und jetzt seit 1974 im württembergischen Göppingen, wo wir mit den Kindern und Enkeln Wurzeln geschlagen haben. Heimat eben.

III. Frühe Prägungen

1. Im Zweiten Weltkrieg

In den letzten Monaten des Krieges habe ich in Griedel zum ersten Mal bewusst erlebt, dass mir und meinen Freunden jemand nach dem Leben trachtete. Es waren amerikanische Tiefflieger, die auf alles, was sich irgendwo im Freien bewegte, schossen, auf Autos, Züge und auf Menschen. So passierte es auch uns Buben, – Deckung!!! – als wir jenseits des Mühlenwehrs auf der großen Wiese spielten, an der die Straße nach Gambach und die Butzbach-Licher-Eisenbahn entlangführte; wir stürzten uns in die nächsten Büsche am Ufer der Wetter – es hat noch gereicht! An einem anderen Tag schossen sie in den Hof des Hofguts Bender, wo wir uns mit anderen Leuten gerade aufhielten. Splitter der getroffenen Pflastersteine spritzten durch die Gegend, aber man hatte die anfliegenden Maschinen rechtzeitig gehört und war hinter das nächste Gebäude gerannt. Wir Buben hatten ja schon selber Krieg gespielt und wussten, wie man in Deckung geht. Auch dieses Mal wurde niemand verletzt. Aber wir freuten uns auch, wenn es der deutschen Flugabwehr gelang, einen solchen Angreifer abzuschießen oder gar einen der großen Bomber zum Absturz zu bringen, die schon seit einiger Zeit in mächtigen Geschwadern mit dumpfem Dröhnen gen Frankfurt, Mannheim oder Stuttgart flogen. Bereits 1943 hätte es bei einem nächtlichen Bombardement auf Mannheim mit unserer Familie zu Ende sein können, als wegen eines Bombentreffers Gas in unseren Luftschutzbunker im Telegrafenamt (die frühere Lanz-Villa) eingedrungen war; im letzten Augenblick war es bemerkt worden. Ich erinnere mich noch an die kalte Nachtluft, die uns während der nächtlichen Fahrt zum Krankenhaus auf der offenen Ladefläche eines Lastwagens umwehte.

2. Das einfache Leben auf dem Lande

Die drei Jahre, welche wir nach der Ausbombung unseres Hauses am 6. September 1943 in Mannheim in dem dörflichen Griedel verbrachten, waren für uns Kinder eine schöne Zeit. Ich hatte gleichaltrige Freunde im Dorf, und die Straße, die Wiesen und die Ufer der „Kla Bach“ und der Wetter waren unser Spielplatz. Wir beobachteten den Schmied, wie er den Pferden dampfend neue Hufeisen verpasste, sahen die Bauern beim Pflügen und Ernten, rannten dem Feldschütz davon, wenn er uns auf dem Wingertsberg beim Kirschen- oder Apfelklau erwischte. Wir sammelten Granatsplitter und Kartuschen entlang der oft von Tieffliegern beschossenen Butzbach-Licher Eisenbahn, und in der „Butzbacher Badeanstalt“, einem etwas tieferen Abschnitt des Wetterflusses oberhalb der großelterlichen Mühle, brachte man uns – an angelähnlichen Stangen angebunden – das Schwimmen bei. Der kleine Fluss lud uns auch zum Fischen ein, allerdings meistens mit selbst gebautem Gerät, sodass Fänge äußerst selten und sehr klein waren. Erfolgreicher waren wir im Aufspüren von Krebsen, die wir unter den dicken Steinen des Mühlenwehrs fanden. Nach ihrem „Bad“ zuhause in kochendem Wasser waren sie eine schmackhafte Ergänzung auf unserem bescheidenen Speiseplan.
Wir Kinder wurden aber auch immer wieder in die Pflicht genommen, um zum Beispiel Kartoffelkäfer von jungen Kartoffelpflanzen abzulesen, Bucheckern für die Ölmühle einzusammeln und junge Rübenpflanzen zu vereinzeln. Mit unserer Mutter gingen wir zum „Stoppeln“ auf die abgeernteten Felder, um bei der Ernte übersehene Kartoffeln oder Rüben noch in der eigenen Küche zu verwerten. An stacheligen Schlehenbüschen sammelten wir hängengebliebene Schafwolle ein, welche Mutti mit einem reparierten alten Spinnrad in Wolle verwandelte, aus der sie Pullover, Socken oder Handschuhe strickte. Die Volksschule

in Griedel konnte ihren Betrieb bis in den März 1945 aufrechterhalten, sodass wir mehr lernten als die Kinder in den bombardierten Städten. Als unsere Familie im Sommer 1946 in das weitgehend zerstörte Mannheim zurückkehrte, wäre ich altersgemäß in die 4. Klasse der Pestalozzi-Volksschule aufzunehmen gewesen. Man steckte mich aber wegen des Rückstands der Mannheimer Schulkinder gleich in die 5. Klasse. Nach deren Abschluss war 1947 die Aufnahmeprüfung zum Gymnasium für mich ein Spaziergang.

3. „Kriegskinder“

Die Bombennächte in Mannheim, die bedrohlichen Umstände des Kriegsendes in Griedel und die Notjahre nach der Rückkehr in die Ruinenstadt Mannheim haben aus meinen Schwestern Magda, Helga, Irmgard und mir eine Erlebnisgemeinschaft gemacht, die bis heute nachwirkt und uns mit den in den 30er Jahren geborenen Kindern in Deutschland verbindet. Man hat sie auch „Generation Kriegskinder“ genannt, die in den vergangenen Jahren vor allem mit Berichten über traumatische Kriegs- und Fluchterlebnisse hervorgetreten ist. Die vorangegangene Generation, häufig noch Soldaten und Helfer und Helferinnen im Krieg, welche sich, meistens enttäuscht und verletzt von politischer Verführung und Niederlage, in der Nachkriegsgesellschaft zurechtfinden musste, hatte der Soziologe Schelsky in den 60er Jahren die „Skeptische Generation“ genannt. Von ihr haben die „Kriegskinder“ noch eine gute Portion Skepsis und Vorsicht übernommen, besonders seitdem sie auch selbst das Unrechtssystem und die Verbrechen des Nazistaates begriffen und verarbeitet hatten. Wer sich dazu noch ein wenig mit der Geschichte totalitärer Systeme befasst hatte, war weitgehend immun gegen neue Weltverbesserungsideen geworden, wie sie sich seit der Mitte der 60er Jahre in linken Zirkeln Westdeutschlands entwickelten und in der Studentenrevolte von 1968 ihren Höhepunkt fanden. Für neue Utopien, die häufig die alten in neuem Gewand waren, wie die klassenlose oder herrschaftsfreie Gesellschaft oder den die Bedürfnisse aller Menschen gerecht befriedigenden Staat, hatte unsere Generation der Kriegskinder keinen Bedarf, weil wir am eigenen Leib erfahren und noch reichlich dazugelernt hatten, dass es das nicht gibt. Wir teilten aber auch nicht den „Ohne-mich-Standpunkt" unserer enttäuschten Vorgänger.

Deshalb habe ich mich, sobald mein politisches Interesse geweckt war, mit Altersgenossen für die Grundlagen und Funktionsweise unseres neuen Staates interessiert und engagiert, wo und wann es in meine Pläne gepasst hat. Auch mit der von den Amerikanern verordneten Demokratie für Westdeutschland, zumal in der von dem damaligen Parlamentarischen Rat am 8. Mai 1949 beschlossenen Fassung des Grundgesetzes, waren wir einverstanden. Wir betrachteten sie als willkommene Chance für den Aufbau eines liberalen und sozialen Rechtsstaats und nicht wie später die 68-Generation als ein von den Siegermächten aufoktroyiertes System, welches nun endlich durch eine echte Demokratie, eine Demokratie von unten, ersetzt werden müsse. Aus der Sicht der allermeisten „Kriegskinder" hat die Studentenbewegung von 1968 zwar manche Lockerungen und Fortschritte erreicht, die fällig waren. Glücklicherweise bekam sie und ihr linksintellektuelles Umfeld aber nie eine Chance, ihre gesellschaftlichen und politischen Vorstellungen auch zu verwirklichen.

4. Am Leibniz-Kolleg der Universität Tübingen

Im letzten Schuljahr am Gymnasium hatte ich mich in einem „Subtraktionsverfahren“ für ein Jurastudium entschieden, auch weil es nach dem Abschluss bemerkenswert viele Berufsmöglichkeiten bietet. Trotz zusätzlicher Kosten (Gymnasien und Universitäten waren seinerzeit noch gebührenpflichtig) ermöglichten mir die Eltern zum Start ein Studium Generale am Leibniz-Kolleg der Universität Tübingen, an welchem ich mit meinem Freund aus Kindertagen in Griedel, Wolf Mersch, teilnehmen wollte. Das Kolleg war 1948 auf Initiative der französischen Militärregierung gegründet und in dem spartanisch eingerichteten Studentenwohnheim in der Tübinger Brunnenstraße 34 untergebracht worden. Auch das Kloster Bebenhausen war damals als Standort im Gespräch gewesen, kam aber wohl wegen der Entfernung zu den Universitätseinrichtungen nicht zum Zuge. Das Konzept des Kollegs, an dessen Gestaltung Politiker wie Carlo Schmid und Theodor Heuss und Wissenschaftler wie Carl-Friedrich von Weizsäcker und Romano Guardini beratend mitgewirkt hatten, lautete schlicht: Ein Jahr in studentischer Wohngemeinschaft wissenschaftlich arbeiten lernen und in der Nazidiktatur unterdrückte Werte wie Demokratie, Freiheit und Völkerverständigung aktivieren, auch im Alltag des Kollegs.
Wir waren etwa 50 Studienanfänger beiderlei Geschlechts und aus verschiedenen Ländern, die, betreut von Assistenten und Tutoren der Universität, in individuellen Lehrformen in wissenschaftliches und interdisziplinäres Arbeiten eingeführt wurden. Es gab auch Musiker unter uns, zu deren Vorführungen ich mit meiner Gitarre Fahrten- und Lumpenlieder und natürlich auch aktuelle Schlager beisteuern konnte. Studienfahrten (Barockes Oberschwaben, Romanik in Südtirol) und fröhliche Feste bereicherten das vielfältige Programm, und die studentische Gemeinschaft führte zu lebenslangen Freundschaften. Es war für mich,

den gerade 19-jährigen Studenten, der erstmals das Elternhaus auf längere Zeit verließ und sich auf neue Freunde und Themen freute, eine wunderbare Zeit. In Erinnerung bleiben mir auch die ersten wissenschaftlichen Gehversuche, eine „Trimesterarbeit“ über die Vier-Elemente-Lehre des Vorsokratikers Empedokles und eine Abhandlung, mit der ich am Beispiel des spanischen Politikers Donoso Cortes herausfinden wollte, warum und wie fortschrittliche Jungpolitiker im reiferen Alter oft konservative und autoritäre Positionen vertreten. Zarte Liebeleien mit der schwarzhaarigen Kommilitonin Mary aus Sheffield und der temperamentvollen Claire aus Lausanne gaben diesem ersten Studienjahr seinen besonderen Charme.

5. In Berlin

Als ich 1956 am humanistischen Karl-Friedrich-Gymnasium in Mannheim die Reifeprüfung ablegte, wählte ich aus den Vorschlägen für den Abituraufsatz die Aufgabe: „Soll der Grundsatz der Freiheit der Rede, der Presse, der Verbreitung von Büchern jeglichen Inhalts in der Demokratie uneingeschränkt gelten oder nicht? – Begründen Sie Ihr Urteil!“ Das Thema zwingt damals wie heute dazu, politisch Position zu beziehen und abzuwägen zwischen dem Schutz von Grundrechten, die für eine Demokratie essentiell sind, und dem Schutz grundsätzlicher Rechte oder Interessen Einzelner oder der Allgemeinheit. Mein Aufsatz von damals wurde längst entsorgt, aber solche politischen und zugleich juristischen Fragestellungen haben mich lebenslang begleitet.
Die erste Begegnung mit einem Berufspolitiker erlebte ich mit dem Mannheimer FDP-Bundestagsabgeordneten Robert Margu-

lies im Elternhaus. Der besonnene, stets freundliche Mann war Getreidehändler und tauchte hin und wieder zu vertraulichen Gesprächen mit meinem Vater, dessen Tätigkeitsfeld als Geschäftsführer der „Gesellschaft Süddeutscher Mühlen“ mit dem Getreidehandel eng verbunden war, bei uns auf. Wir blieben auch später in Kontakt und haben gemeinsam einige politische Veranstaltungen gemacht.

Überwiegend politisches Interesse war es dann auch, welches mich nach dem erlebnisreichen Tübinger Jahr zur Fortsetzung des Studiums nach Berlin an die „Freie Universität“ zog. Sie war 1948 unter der Schirmherrschaft der Amerikaner in Westberlin als Gegenpol zu der zunehmend marxistisch-leninistisch ausgerichteten Humboldt-Universität in Ostberlin gegründet worden. Die juristische Fakultät der „FU“ hatte einen guten Ruf, aber die kulturellen Höhepunkte der Stadt in West und Ost und die kritische Beobachtung der politischen Verhältnissen in der ehemaligen deutschen Hauptstadt waren mir wichtiger. Sensibilisiert durch den nur vier Jahre zurückliegenden, in Ostberlin ausgebrochenen Juni-Aufstand von 1953, den erst russische Panzer mit Gewalt erstickt hatten, und den gerade erst (1956) durch die kommunistische Regierung niedergeschlagenen Freiheitskampf der Ungarn hatte ich nun in Sachen Teilung der Stadt und Kalter Krieg direkten politischen Anschauungsunterricht. Das triste Grau der früheren Magistrale Friedrichstraße, ihr heruntergewirtschafteter Bahnhof und die wenigen, unansehnlichen Geschäfte im Osten gegenüber dem Zoo-Viertel samt neuem Hansaviertel und Kurfürstendamm im Westen führten mir bald vor Augen, welches politische System wirtschaftlich erfolgreich sein würde. Zu den östlichen Defiziten passten auch die allgegenwärtigen Hasstiraden gegen die Bonner Republik und insbesondere die Politik der Regierung Adenauer.

„Augenblicke 1957“ in Ostberlin

„Militarismus ohne Maske“,
Ausstellungsplakat am Bahnhof Friedrichstraße

Abgestellte Plastiken hinter der Nationalgalerie

Eines Tages bekam ich in einem Studio-Kino den neuen französischen Film „Nacht und Nebel“ zu sehen. Was unsere Kriegsgegner bei der Befreiung der deutschen Konzentrationslager an Verbrechen und Grausamkeit aufgedeckt und dokumentiert haben, Gaskammern, Berge von Leichen und den katastrophalen Zustand der Überlebenden – dieser Film hat mich schockiert und mein bisheriges Bild vom Menschen und von menschlichen Beziehungen verändert. Wenn die Verhältnisse es begünstigen, kann der Mensch dem Menschen nicht nur zum Wolf werden, sondern zum grausamen Feind und Mörder. Ein Staat, der diese Menschheitsverbrechen deckte und sogar selbst betrieb, musste untergehen. Ich war zornig und beschämt zugleich.

6. Kleine Schritte in die Politik

Nach vier auswärtigen Semestern war es 1958 höchste Zeit, in heimatliche Gefilde zurückzukehren und ernsthaft in die Vorbereitungen für das 1. Juristische Staatsexamens einzusteigen. Zuhause in Mannheim fand ich wieder Wohnung und das vertraute Studierzimmer der letzten Schulzeit, und an der Universität Heidelberg sowie bei dem scharfsinnigen Repetitor Bornemann war ab sofort ernsthaftes Lernen angesagt. Trotzdem nahm ich mir auch Zeit für die Mitarbeit bei der Heidelberger Hochschulgruppe des Liberalen Studentenbundes Deutschland und konnte gleich an einer heftigen Auseinandersetzung mit der Gruppe des Sozialistischen Studentenbundes Deutschlands (SDS) über deren offene Sympathie für das marxistisch-leninistische DDR-Systems mitwirken, die in einen öffentlichen Schlagabtausch mündete. Wenig später zog auf Bundesebene auch die SPD einen klaren Trennungsstrich zu der ihr vormals nahestehenden, nun aber

eher kommunistischen Lehren verpflichteten Studentenorganisation.
Von den liberalen Studenten war mein Weg zu den „Deutschen Jungdemokraten“ (Jugendorganisation der FDP) nicht mehr weit, wo ich mich auch als deren Vorsitzender in Mannheim (bis 1965) engagierte. In dieser Zeit trat ich auch den Mannheimer Freien Demokraten bei. Die Option CDU hatte ich schon früher ausgeschlossen, weil ich deren hartnäckigen Kampf für die Bekenntnisschule und eine konfessionelle Lehrerausbildung neben der etablierten christlichen Gemeinschaftsschule und der sogenannten Simultanausbildung grundsätzlich ablehnte. Einfach gesagt, sie war mir „zu katholisch“.
Für die Jungdemokraten nahm ich damals auch Kontakt mit der LDPD (Liberaldemokratische Partei Deutschlands) Dresden auf, um einen gegenseitigen Besuch und Meinungsaustausch zu organisieren, was jedoch an formalen Hürden scheiterte. In der Folgezeit übernahm ich für die Freien Demokraten Kandidaturen für die Mannheimer Gemeinderatswahl im Jahr 1965 und für die Landtagswahl 1968 als Ersatzkandidat in Mannheim-Land, ohne ernsthaft mit Mandaten rechnen zu müssen. Sie hätten auch meiner persönlichen Planung widersprochen, zuerst ein qualifiziertes 2. Staatsexamen abzulegen und dann einen juristischen Beruf zu ergreifen, mit dem ich unabhängig leben und eine eigene Familie ernähren könnte. Während der Referendarzeit hatte ich nämlich 1963 meine Freundin, die erfolgreiche Werbegrafikerin und Tennisspielerin Hannelore Markert aus Berlin, geheiratet, und 1964 wurde unser erstes Kind, Tochter Gabriele, geboren. Entsprechend meinen Interessen für die öffentlichen und öffentlich-rechtlichen Angelegenheiten und mit einem für diese Laufbahn vorausgesetzten Prädikatsexamen konnte ich deshalb 1965 in die Innenverwaltung des Landes Baden-Württemberg eintreten. Alsbald fand ich mich am Landratsamt Öhringen wieder, weil es seit der Gründung des Süd-

weststaats Brauch war, badische Assessoren zuerst einmal in ein württembergisches Amt zu schicken und umgekehrt. Die nächste Station war das Landratsamt Heidelberg, wo ich als Leiter der Abteilung Baurecht viel gelernt habe. Dort erreichte mich 1970 eine Einladung zu einem Vorstellungsgespräch im Stuttgarter Landtag.

7. Als Parlamentarischer Berater der FDP/DVP-Fraktion im Landtag

Der Heidelberger Landtagsabgeordnete der FDP, Alexander Nagel, kannte meine Arbeit aus Petitionsfällen in Bausachen, die er für den entsprechenden Ausschuss des Landtags zu bearbeiten hatte, aber auch mein politisches Engagement. Auf seine Veranlassung stellte ich mich im Fraktionsvorstand vor und wurde sofort als juristischer Mitarbeiter neben Geschäftsführer Dr. Gutscher und Oberregierungsrat Dr. Körner für die Fraktion und ihre Abgeordneten engagiert.

Die FDP/DVP Fraktion befand sich damals in der für sie ungewohnten Oppositionsrolle gegen eine große Koalition von CDU und SPD, nachdem die Partei seit der Gründung des Südweststaates immer an der Regierung beteiligt gewesen war. Als aber im Dezember 1966 der baden-württembergische Ministerpräsident Kurt Georg Kiesinger Bundeskanzler einer großen Koalition in Bonn wurde und der CDU-Innenminister Hans Filbinger sich anschickte, als sein Nachfolger in Stuttgart die seit 1960 bestehende Koalition von CDU und FDP/DVP fortzusetzen, hat die liberale Fraktion diese Chance durch Uneinigkeit und Fehleinschätzung ihrer Optionen – volkstümlich ausgedrückt – versemmelt! In der Landtagswahl von 1968 hatte die Partei einen

Zuwachs auf 14,4 Prozent der Stimmen und damit 18 Mandate erringen können und wollte nun kräftige und doch konstruktive Oppositionspolitik machen. Ich war bereit und freute mich darauf, nach Kräften dazu beizutragen und neue Erfahrungen auf den weiten Feldern der Landespolitik zu machen.
Ein fast väterliches Vertrauen brachte mir der Fraktionsvorsitzende Dr. Peter Brandenburg, früherer Oberbürgermeister von Pforzheim, entgegen, und außer juristisch abgesicherten politischen Stellungnahmen und Redetexten wünschte er immer wieder, meine politische Einschätzung anstehender Probleme zu erfahren. Im Gegensatz zu ihm hatten die Abgeordneten und früheren Minister Dr. Wolfgang Haußmann (Justiz), Dr. Hermann Müller (Finanzen), Dr. Eduard Leuze (Wirtschaft) sowie der Oberbürgermeister von Fellbach Dr. Guntram Palm meistens aus ihren Büros/Kanzleien genügend „Zuarbeiter" für ihre Aktivitäten zur Hand. Palm wechselte später zur CDU, was ihm den Posten des Finanzministers einbrachte. Eine besonders enge Zusammenarbeit verband mich mit dem Abgeordneten Hans Albrecht als Fraktionssprecher in Sachen Gemeinde- und Kreisreform, die das beherrschende Thema der ersten Hälfte der 6. Wahlperiode des Landtags (1972-1976) war und eine intensive Reisetätigkeit bis in versteckte Ecken des Landes nach sich zog. Aus der Vielzahl „meiner" Gesetzentwürfe, Anträge und Initiativen aller Art will ich hier nur wenige nennen:

- *den Gesetzentwurf (Änderung des Schulverwaltungsgesetzes) zur Abschaffung der Prügelstrafe vom April 1970,*
- *den Entwurf eines Denkmalschutzgesetzes für Baden-Württemberg im Juni 1970,*
- *die grundlegende Novellierung des Schulverwaltungsgesetzes (Wahl des Schulleiters, Einführung einer Schulkonferenz, Stärkung der Schüler- und Elternrechte usw.) im April 1973,*

- *den Initiativgesetzentwurf zur Förderung der Musikschulen im März 1974.*
- *Große Anfragen an die Landesregierung und Anträge an den Landtag zu zahlreichen aktuellen Themen wie etwa zur Reinhaltung des durch Abwässer stark belasteten Bodensees, zur geforderten Schiffbarmachung des Hochrheins und zu Plänen der Wasserwirtschaft und der Stadt Stuttgart, einen 74 km langen „Bodensee-Neckar-Stollen" zur Verbesserung des Neckarwassers zu bauen.*

Mit den Landtagsabgeordneten der FDP/DVP Jürgen Morlok und Hans Albrecht, 70er Jahre

Beim Start im Stuttgarter Landtag hatte ich mir vorgenommen, mich nach einigen Jahren um eine Führungsfunktion in einer kommunalen Körperschaft oder in einem Verband zu bewerben. Sollten solche Bemühungen erfolglos bleiben, war die Innenverwaltung des Landes bereit, mir eine Rückkehr zu angemessenen Konditionen zu ermöglichen. Jahre später war ich aber sehr froh, auf diese Zusicherung nicht zurückkommen zu müssen, weil meine Bewerbung um das Amt des 1. Beigeordneten/Bürgermeisters der Großen Kreisstadt Göppingen im März 1974 erfolgreich war. Zum Abschied vom Landtag „beehrte" mich dessen Präsident Camill Wurz aus Baden-Baden noch mit einer Urkunde, die bescheinigte, dass ich inzwischen Parlamentsrat geworden war, ein Titel, den ich bis dahin noch gar nicht kannte. Den Grad von Politisierung, den ich in den Auseinandersetzungen der Landtagsabgeordneten und Fraktionen erlebt und mit Maßen wohl auch übernommen hatte, musste ich im kommunalen Betrieb allerdings merklich zurückdrehen. Es war in den Jahrzehnten vor der Jahrhundertwende üblich, und es ist hoffentlich auch heute noch so, dass Gemeinderäte auch mittelgroßer Städte wie Göppingen sich nach heftigen Rathausdebatten im nächsten Wirtshaus bei einem Viertele wieder zusammenrauften. Diese Anpassung an kommunale Bräuche vollzog ich gerne, und sie fiel mir nicht schwer.

8. Dissertation „Staat und Staatsraison bei Friedrich Naumann"

Eine Doktorarbeit zu schreiben, wie es schon mein Vater Heinz Christ in viel schwierigeren Zeiten getan hatte, gehörte bereits während des Studiums zu meinen Optionen, auch wenn ich eine wissenschaftliche Laufbahn nicht einschlagen wollte. Nach dem ordentlichen Referendarexamen im Winter 1960/61 ging ich deshalb auf den renommierten Rechts- und Staatswissenschaftler Professor Peter Schneider an der Gutenberg-Universität in Mainz zu, der vor meiner Zeit in Tübingen Dozent am Leibniz-Kolleg gewesen war und den ich im Rahmen eines informellen Gesprächskreises beim früheren Präsidenten des Oberlandesgerichts Karlsruhe, Dr. Max Silberstein, in Mannheim kennengelernt hatte. Der Schweizer Peter Schneider (1920-2002) hatte sich gerade mit einer kritischen Analyse des Werks von Carl Schmitt unter dem Titel „Ausnahmezustand und Norm" habilitiert. Er erklärte sich bereit, meine Promotion als Doktorvater zu begleiten, und er ließ mir freie Hand bei der Wahl des Themas. Ich wollte mich intensiver mit dem jüngeren politischen Liberalismus in Deutschland beschäftigen und entschied mich für eine Arbeit über Friedrich Naumann (1860-1919), speziell über sein Staatsverständnis. Immerhin war er Mentor und Freund von Theodor Heuss gewesen, dem ersten Präsidenten der Bundesrepublik Deutschland, der ihm schon 1937 ein umfangreiches Werk mit dem Titel „Der Mann, das Werk, die Zeit" gewidmet hatte. „Papa Heuss", wie viele ihn wegen seiner freundlichen Volksverbundenheit auch nannten, erklärte sich bereit, mich zu einem Gespräch zu empfangen. Am 4. Februar 1963, wenige Monate vor seinem Tod, durfte ich ihn in seinem Haus auf dem Stuttgarter Killesberg besuchen. Das Ergebnis waren nicht neue Erkenntnisse, aber der freundlich-lockere Gedankenaustausch mit dem weisen alten Mann, in dem sich Geist und Politik so wunderbar vereinigt hatten, hat mich tief beeindruckt.

Friedrich Naumann war Pfarrer, Protagonist eines „Christlichen Sozialismus", Gründer eines „National-sozialen Vereins", Politiker der liberalen „Freisinnigen Vereinigung", Reichstagabgeordneter von 1907 bis (nur kurz unterbrochen) 1918, Mitbegründer der linksliberalen „Fortschrittspartei" (1910), Mitglied der Nationalversammlung (1919) und erster Vorsitzender der „Deutschen Demokratischen Partei" in der Weimarer Republik. Seine großen Themen waren Christentum und Politik, soziale Gerechtigkeit, verstanden als Teilhabe des Volkes an Staat und Wirtschaft, und Rolle und Anspruch des Deutschen Reiches im Kon-

kurrenzkampf der Großmächte. Im Verlauf des Ersten Weltkrieges rückte die politische Neuordnung Deutschlands und Europas in den Vordergrund. Sein umfangreiches schriftstellerisches Werk, welches von 1965 bis 1970 in 6 Bänden auf weit über 4.000 Seiten veröffentlicht worden ist (Westdeutscher Verlag Köln und Opladen), zeugt von seinem rastlosen Bemühen um Einflussnahme auf die gesellschaftlichen und politischen Entwicklungen seiner Zeit. Seine Wochenschrift „Die Hilfe“ (ab 1895), die Bücher und größeren Werke „Demokratie und Kaisertum“ (1900), „Briefe über Religion“ (1903), „Neudeutsche Wirtschaftspolitik“ (1906), „Mitteleuropa“ (1915) und der „Entwurf volksverständlicher Grundrechte“ (1919) fanden weite Verbreitung und große Beachtung.
Nach dem Studium einer Vielzahl seiner Schriften und Bücher (die o. g. Gesamtausgabe stand noch nicht zur Verfügung) musste ich erkennen: Naumann war primär ein leidenschaftlicher Politiker und Publizist, aber kein politischer Theoretiker; er war nicht Systemdenker, sondern Problemdenker. Eine lehrhaft angelegte Definition der Institution Staat und seiner Grundlagen fehlt ebenso wie die Festlegung auf allgemeingültige Strukturen. Aus dieser Erkenntnis heraus habe ich in Absprache mit Professor Schneider das ursprünglich viel breiter angelegte Arbeitsprogramm gekürzt und mich auf die von Naumann schmerzhaft empfundene Spannung zwischen Religion und Politik und auf die Frage nach Rechtfertigung und Auftrag des Staates, kurz sein „äußeres Staatsbild“, konzentriert. Unter der Überschrift „Staat und Staatsraison bei Friedrich Naumann“ war es nun möglich, die Einwirkung der treibenden Ideologien und Strömungen der Zeit wie etwa Imperialismus, Marxismus, Internationalismus, Darwinismus und Kolonialismus usw. auf sein Staatsverständnis zu verdeutlichen. Friedrich Naumann erweist sich im Spiel dieser Kräfte als Kind seiner Zeit und fordert in jüngeren Jahren temperamentvoll für das Reich einen gebührenden Platz in der

Welt sowie eine ausgreifende Außen- und Kolonialpolitik. Nach heutigen „geläuterten“ Maßstäben ist er dabei mit manchen Thesen und Äußerungen über das Ziel hinausgeschossen. Dennoch hat er die Grenze zu totalitären, antidemokratischen und illiberalen Systemen nie überschritten, was der Historiker Götz Aly verkennt, wenn er Naumann (z.B. in der Frankfurter Rundschau vom 24.01.2011) zu den Wegbereitern des Nationalsozialismus rechnet. Hätte der sonst verdienstvolle Geschichtsprofessor sich auch mit den Erklärungen und Forderungen Naumanns zur Behandlung der Juden und anderer Minderheiten, zur Emanzipation der Frauen, zur Reformierung des Wahlrechts, zur notwendigen Erwachsenenbildung und zu anderen urdemokratischen Anliegen beschäftigt, wäre ihm dieses Fehlurteil nicht unterlaufen.

Meine Doktorarbeit war für mich persönlich wohl ertragreicher als für die Wissenschaft. Über Mensch, Gesellschaft und Staat und die sie bewegenden Kräfte habe ich jedenfalls mehr gelernt als die ganzen Jahre vorher. Die „magna cum laude“ bewertete Arbeit wurde 1969 mit finanzieller Förderung der Volkswagenstiftung im Carl-Winter-Universitätsverlag Heidelberg gedruckt und in vielen Zeitungen und wissenschaftlichen Publikationen besprochen. Nach der noch anzufertigenden Digestenexegese im Römischen Recht und der mündlichen Prüfung (Rigorosum) war der „Doctor Juris Utriusque“ (Doktor beider Rechte) fertig. Rückblickend war allerdings der Aufwand an Kraft und Zeit für die Erlangung dieses akademischen Grades unverhältnismäßig hoch.

IV. Wie die Bücher ins Adelberger Kornhaus kamen...

Die einst von dem Göppinger Rabbiner Dr. Aaron Tänzer gegründete städtische Bücherei war seit 1953 in einem alten Wohnhaus in der Wilhelmstraße 13 untergebracht. Bis in die Mitte der 70er Jahre war sie derart gewachsen und erfolgreich, (über 50.000 Bände, um 200.000 Ausleihungen pro Jahr), dass der normale Betrieb unter Platzmangel und Enge litt. Inzwischen stellten die Baufachleute der Stadt sogar die Tragfähigkeit (Statik) des Gebäudes in Frage und verlangten eine Begrenzung des Buchbestandes und eine Einschränkung des Besucherverkehrs. So wurde ernsthaft vorgeschlagen, für neu anzuschaffende Bücher alte Bücher in entsprechender Zahl zu entfernen, keine weiteren Flächen im Haus zu belegen und auf Führungen durch die Bibliothek zu verzichten. Es war danach klar und unter den Lokalpolitikern anerkannt, dass die – inzwischen Stadtbibliothek genannte – Einrichtung in absehbarer Zeit ein neues Zuhause brauchen würde.

Ein solches stellten sich der damalige Oberbürgermeister Dr. Herbert König und viele Gemeinderäte in einem schon lange gewünschten „Haus des Bürgers“ vor, welches zusammen mit einem neuen Rathaus am Theodor-Heuss-Platz auf dem Gelände der früheren Firma Butz & Söhne errichtet werden sollte. Die Grundstücke in der prominenten Umgebung von Oberhofenkirche, Mörike-Anlagen und Stadthalle wären für ein Rathaus mit einem Bürgerhaus sicher gut geeignet gewesen, aber ein reiner Verwaltungsbau, und damit auch das als Ergänzung gedachte Bürgerhaus, hatten je länger desto weniger eine Realisierungschance gegenüber den sonstigen Anforderungen an den städtischen Haushalt.

Es waren dann verschiedene alternative Standorte im Gespräch, darunter etwa ein Neubau am Schillerplatz oder das Haus Illig in der Friedrich-Ebert-Straße 2. Mir schien von vornherein ein

Ausbau des historischen Adelberger Kornhauses die beste Lösung zu sein, nicht nur von der möglichen Nutzungsfläche und dem zentralen Standort her, sondern auch, um dem historischen Baudenkmal eine neue, dauerhafte Nutzung zu geben. Es war schließlich eines der wenigen größeren Gebäude in Göppingen, welches den verheerenden Stadtbrand von 1782 – wenn auch sehr beschädigt – überstanden hatte. Mein ausführlich begründetes Exposé dazu vom Februar 1977 fand umgehend die Zustimmung des Landesdenkmalamtes, welches dem Vorschlag auch gleich bescheinigte, in einem allgemein erwarteten Konjunkturförderungsprogramm gefördert werden zu können.
Das Kornhaus war im Jahr 1514 als zentraler Fruchtspeicher von dem Prämonstratenserkloster Adelberg für seine Besitzungen im Filstal errichtet worden. Nach der Säkularisation von 1806 war der mächtige Bau in Privatbesitz übergegangen und nach mehrfachem Eigentümerwechsel erst 1971 von der Stadt Göppingen erworben worden. Mit seinen fünf Böden war es zuletzt nur noch teilweise als Lagerraum genutzt worden. Mein Vorschlag stand allerdings im Gegensatz zu der Absicht des Oberbürgermeisters, der dort zur Belebung des Fremdenverkehrs lieber eine großräumige Gaststätte in der Art bayrischer Bierhäuser untergebracht hätte und bereits nach Investoren für eine solche Nutzung hatte suchen lassen.
Der Durchbruch gelang dann ziemlich schnell mit dem von der Bundesregierung mit den Ländern im März 1977 beschlossenen „Zukunftsinvestitionsprogramm“ (ZIP), welches der seit dem sogenannten Ölschock von 1972 andauernden Konjunkturschwäche in der Bundesrepublik Deutschland entgegenwirken sollte. Nun wurden großzügige Zuschüsse für Bauinvestitionen in Aussicht gestellt, die städtebaulichen, sozialen oder kulturellen Zwecken in besonderer Weise dienen würden und ohne staatliche Hilfe noch lange nicht getätigt werden könnten.

Adelberger Kornhaus im Umbau für die Stadtbibliothek

Eine Bildungseinrichtung wie die Stadtbibliothek in einem als bedeutendes Baudenkmal geschützten Gebäude unterzubringen und damit zugleich auch ein Altstadtquartier zu sanieren, das passte wunderbar in dieses Programm und versprach einen „Millionszuschuss“, wie ein Stadtrat anerkennend formulierte. In größtmöglicher Eile (im beratenden Gemeinderat sprach ich damals von einem „Affentempo“) und mit außerordentlichem Einsatz des Baudezernats unter der Leitung meines Kollegen

Baubürgermeister Reinhard Schuckenböhmer wurden alle Voraussetzungen für eine erfolgreiche Beteiligung am „ZIP“ getroffen, also die Festlegung eines städtebaulichen Sanierungsgebietes und die Entwurfsplanung für Sanierung und Umbau des Kornhauses für die Stadtbibliothek. Nichtöffentlich akzeptierte der Gemeinderat zwar bereits im Oktober diese Planung, aber die CDU-Fraktion verzögerte angesichts anstehender Haushaltsberatungen und des noch fehlenden Zuschussbescheides durch Vertagungsanträge die notwendige Beschlussfassung in öffentlicher Sitzung. Der Grundsatzbeschluss für das Projekt wurde dann aber noch rechtzeitig am 24. November 1977 bei einer veranschlagten Bausumme von 3,4 Millionen DM und einem erwarteten Staatszuschuss von 1,4 Millionen DM getroffen. Nach einigem Hin und Her erhielten die Architekten Heinz Bauer, Ebersbach, und Rainer Eich, Göppingen, den Auftrag zur weiteren Planung und Durchführung des Vorhabens. Zugleich machte sich das Team der Bibliothek unter der Führung ihrer Leiterin Dorothea Sick an die völlig neue Aufgabe, ein modernes Konzept für die Bibliothek auf nunmehr 1.500 m² Nutzfläche statt der bisherigen 700 m² zu entwickeln.
Nun folgten vier spannende Jahre, die den altehrwürdigen Kornspeicher in einen Bau des Wissens und des Geistes verwandeln sollten, ohne seine ursprüngliche Bestimmung als Getreidespeicher und seine lange Geschichte zu verleugnen. Bis zum Juni 1978 stiegen die veranschlagten Baukosten – wesentlich verursacht durch Änderungswünsche des Gemeinderats – auf 4,35 Millionen DM; aber es war inzwischen auch der Bescheid über die Förderung aus dem ZIP-Programm mit fast 1,57 Millionen DM eingegangen. Zur Begleitung und kritischen Kontrolle des Bauvorhabens und des parallel laufenden Projekts Haus Illig beschloss der Gemeinderat die Einsetzung eines Sonderausschusses. Die unvermeidlichen Grabungen des Landesdenkmalamts von 1978 im nicht unterkellerten Kornhaus brachten Architek-

ten und Stadträte auf die Idee, das Bauwerk zu unterkellern und im neuen Untergeschoss weitere Nutzungsmöglichkeiten zu schaffen, zum Beispiel eine von der Bibliotheksleitung vorgeschlagene Kinderbücherei. Die Fragen, ob Teil- oder Vollunterkellerung, Verwendungszweck zusätzlicher Nutzfläche und was dies bautechnisch und finanziell bedeuten würde, wurden kontrovers und heiß diskutiert. Das technische Problem: Wie bringt man zum notwendigen Aushub einen Bagger und dann eine Planierraupe in ein Haus mit 1,5 Meter dicken Mauern und Fundamenten? Und wie kann der auf mächtigen Eichenholzständern ruhende innere Fachwerkbau mit seinen fünf Böden erhalten werden, wenn ihm beim Baggern in die Tiefe buchstäblich der Boden unter den Füßen weggezogen wird? Ein völlig freigeräumtes Erdgeschoss war aber Voraussetzung, um überhaupt vom Erdgeschossboden aus in die Tiefe graben zu können.
Indem man das Gewicht des ganzen Innenausbaus mit einer kühnen Holzkonstruktion auf die Außenmauern übertrug, wurde es möglich, dessen Stützpfeiler vorübergehend zu entfernen. Dann ließ man den Bagger von der Kirchstraße aus durch das westliche Haupttor in das Haus hineinfahren und Stück für Stück seine Arbeit verrichten. Als man an den Grundmauern aber auf „schlechtes Gestein und Wasser" (so Architekt Eich im April 1980) gestoßen war, musste man die problematischen Fundamente mit Stahlbeton unterfangen und gegen das anstehende Grundwasser mit einer wasserdichten Betonwanne sichern.
Nachdem endlich das neue Untergeschoss fertig war, wurde es mit einer starken Betonplatte überdeckt, die den neuen Fußboden des Erdgeschosses bildete. Auf ihm fanden dann die alten Stützpfeiler der inneren Holzkonstruktion wieder ihren Platz, sodass erst jetzt der Innenausbau beginnen konnte. Der aber wurde unter Beachtung größtmöglicher „Kundenfreundlichkeit" nach den neuesten Regeln moderner Bibliothekstechnik ausge-

führt. Bei all diesen Planänderungen, Erweiterungen und Ergänzungen kann es nicht verwundern, dass die am Beginn der Bauarbeiten angenommenen Kosten von rund 4,4 Millionen zum Schluss auf satte 5,7 Millionen DM angestiegen waren. Das Baudezernat und die Architekten sahen sich deshalb in Gemeinderat und Öffentlichkeit immer wieder heftiger Kritik ausgesetzt. Aber es ist ihnen auch gelungen, die Gründe dafür im Detail zu erklären, insbesondere auch die finanziellen Auswirkungen der nachträglichen Beschlüsse des Gemeinderats.
Die festliche Einweihung der neuen Stadtbibliothek im alten Adelberger Kornhaus fand mit Reden und Musik am 6. November 1981 statt. Was mit außerordentlichem Engagement aller Beteiligten geschaffen wurde, nannte der neue Göppinger Oberbürgermeister Hans Haller „ein für die Stadt Göppingen bedeutendes, geradezu stadtgeschichtliches Ereignis“. Die nunmehr wirklich standfeste, weiträumige und hervorragend ausgestattete Stadtbibliothek mit der besonderen Atmosphäre des alten Kornhauses und doppelt großer Nutzfläche, mit Kinder- und Schülerabteilung, behindertengerechtem Zugang, Aufzug, Personalräumen usw. – und dies alles in einem bedeutenden historischen Gebäude mitten in der Stadt – dieses Ergebnis fand allenthalben große Zustimmung. Die neue Göppinger Stadtbibliothek im historischen Adelberger Kornhaus wurde beispielgebend für mehrere Städte in Süddeutschland.

V. Das Haus Illig wird Kulturzentrum

Die Sanierung und der Umbau des Adelberger Kornhauses für die Stadtbibliothek ging auf meine Initiative zurück und war mir eine Herzensangelegenheit. Trotz erheblicher Dispute im Gemeinderat über Planänderungen und Kostensteigerungen wurde das Projekt bis zur Einweihung von großem Wohlwollen der meisten Stadträte begleitet.
Etwas schwieriger gestaltete sich der Verlauf des zur gleichen Zeit gestarteten und parallel verwirklichten Um- und Ausbaus des so genannten Hauses Illig für kulturelle Zwecke. Hier sollte primär die stetig wachsende städtische Jugendmusikschule ihre Heimstatt finden. Obwohl erst 1972 auf Vorschlag des Kulturamtsleiters Ermbrecht Frentzel-Beyme gegründet, hatte sie im Jahr 1977 bereits rund 750 Schüler, die von zwei hauptamtlichen und mehreren nebenamtlichen Lehrkräften im Grundunterricht und in Einzelfällen auch an wenigen Instrumenten wie Klavier und Violine – meistens in Schulräumen – unterrichtet wurden. Die Nachfrage, besonders nach Instrumentalunterricht aller Art, war beträchtlich. Auf der Warteliste im Kulturbereich fanden sich aber noch weitere Anwärter für „eigene" Räumlichkeiten wie etwa die Jugendinitiative Club Remise, verschiedene Musik- und Theatergruppen, der Künstler Klaus Heider, der sich ein Atelier in der Stadt wünschte, und schließlich auch das Kulturamt selbst.

Auch dieses Projekt verdankte seine zügige Verwirklichung letztlich dem bundesweiten Zukunftsinvestitionsprogramm (ZIP) des Jahres 1977 und wäre ohne diesen Anstoß so nicht zustande gekommen. Der weithin anerkannte Raumbedarf des Kulturbereichs und die Chance auf eine staatliche Förderung auch kulturell bedeutender Investitionen lenkten den Blick der Kommunalpolitiker auf das von der Stadt eigentlich zum Abbruch erworbene Haus Illig in der Friedrich-Ebert-Straße 2 am nördlichen Rand der alten Innenstadt. Seinen Namen hatte das markante Gebäude der Gründerzeit von dem Zeitungsverleger und Druckereibesitzer Johannes Illig, der in diesem Haus die liberaldemokratische Tageszeitung „Hohenstaufen“ herausgegeben hatte, bis er 1935 dem Druck der Nationalsozialisten weichen musste und sein Blatt gleichgeschaltet wurde.

Kulturzentrum im renovierten Haus Illig

Vor Jahren hatte die Stadt diese (und die gegenüberliegende) Liegenschaft erworben, um nach deren Freilegung die Friedrich-Ebert-Straße breiter ausbauen zu können. Damit sollte eine angemessen breite Zufahrt zu einem neuen Rathaus geschaffen werden, welches auf dem Gelände der ehemaligen Firma Butz & Söhne am Theodor-Heuss-Platz, in der Nähe von Oberhofenkirche und Stadthalle, fest eingeplant war. Weil aber eine Realisierung dieser Pläne aus verschiedenen Gründen immer unwahrscheinlicher geworden war und weil zudem das Landesdenkmalamt inzwischen das Haus Illig (zusammen mit dem Gebäude der Uhlandrealschule) zum Baudenkmal erklärt hatte, war die Zukunft des Hauses ungewiss. Nur übergangsweise hatte man dem Club Remise Räume im Erdgeschoss zur Verfügung gestellt, und im Dachgeschoss war für den Künstler Klaus Heider vorläufig und unverbindlich ein Atelier eingerichtet worden. Der Mietzins dafür wurde einvernehmlich überwiegend mit Bildern „bezahlt."

In der verwaltungsinternen Willensbildung war Oberbürgermeister Dr. König relativ bald damit einverstanden, neben dem Projekt Adelberger Kornhaus auch dieses zweite Kulturprojekt zum Zukunftsinvestitionsprogramm anzumelden. Er hatte sich damit abgefunden, dass in seiner restlichen Amtszeit (bis 1980) ein Verwaltungsbau wie das geplante Rathaus keine Chance mehr hatte, und fand nun eine Gelegenheit, seinerseits noch ein großes Projekt auf den Weg zu bringen. Er konnte allerdings nicht voraussehen, dass hier mehrere Umstände zusammenkamen, schlechte Bausubstanz, nachträgliche Erweiterungen des Bauprogramms, Einwendungen der Nachbarn, Stellplatzprobleme und Auflagen des Landesdenkmalamtes, welche die Baukosten unverhältnismäßig in die Höhe treiben würden. Die Räumlichkeiten baulich so zu gestalten, dass sie für die sehr unterschiedlichen Benutzergruppen (Jugendmusikschule, Club Remise, Zimmertheater, Musikgruppen, Künstler, Kulturamt)

gleichermaßen geeignet wären, musste sich ebenfalls kostentreibend auswirken. Die Baukosten gerieten also bald außer Kontrolle, was die gewählten Bürgervertreter veranlasste, zu ungewöhnlichen Maßnahmen zu greifen.
Angefangen hatte es am 24. November 1977 mit dem Grundsatzbeschluss des Gemeinderats, außer dem Adelberger Kornhaus auch das Haus Illig mit Hilfe des Zukunftsinvestitionsprogramms für die Jugendmusikschule und die genannten Zwecke auszubauen. An Kosten wurden zunächst 2,4 Millionen DM veranschlagt, zu denen aber Zuschüsse von bis zur Hälfte der anerkannten Kosten (später waren es dann gut 1,5 Millionen DM) erwartet wurden. Allerdings machte der Kollege Reinhard Schuckenböhmer schon jetzt darauf aufmerksam, dass in diesem frühen Stadium der Planung eine Garantie für die Einhaltung der Kostenschätzung nicht gegeben werden könne, was prompt zu ersten Diskussionen führte. In verständlicher Sorge um die künftige Entwicklung der beiden Projekte setzte der Gemeinderat sodann einen Sonderausschuss zur Begleitung und Überwachung der Planungs- und Bauarbeiten ein. Architektenverträge wurden mit den Architekturbüros Grässle und Hoffmann/Ziegler aus Göppingen abgeschlossen.
Die wegen der Förderungsbedingungen unter Zeitdruck stehenden Planungsarbeiten zogen sich trotzdem über das ganze Jahr 1978 hin, bis der Gemeinderat am 2. Februar 1979 den endgültigen Baubeschluss fassen konnte. Die angenommenen Baukosten standen zu diesem Zeitpunkt bei knapp 3,2 Millionen DM, wozu die bisher nicht veranschlagten Ablösebeträge für notwendige, jedoch in der Nähe nicht nachweisbare Stellplätze gehörten. Streit mit dem Club Remise löste auch die Absicht der Verwaltung aus, das bisher vom Club als eigener Besitzstand betrachtete Zimmertheater zu verselbständigen und auch für andere Interessenten nutzbar zu machen. Die beträchtliche Ausweitung des Bauvolumens durch den Ausbau von Unter-

und Dachgeschoss und die wegen schlechter Bausubstanz erforderliche Beseitigung eines großen Teils des Innenausbaus (nach Architektenangabe 70 %) ließen die Baukosten bis Februar 1980 auf 4,57 Millionen und bis Juli 1980 auf 5,16 Millionen DM ansteigen.
Damit war das Fass buchstäblich übergelaufen, und der Gemeinderat zog mit einem sofortigen Baustopp die Notbremse. Weitere Auftragsvergaben ließ er nicht mehr zu und verlangte von Baudezernat und Architekten eine gründliche Bestandsaufnahme mit Aufstellung wirklich aller noch zu erwartenden Kosten und der Endsumme des Projekts. Lediglich die laufenden Außenarbeiten am Gebäude durften weitergeführt werden. Es dauerte dann noch bis Mai 1981, bis die Stadträte sich in der Lage, aber auch genötigt sahen, ein absolutes Kostenlimit von 5,857 Millionen DM zu beschließen und grünes Licht für die Fertigstellung zu geben. Ein Jahr später, am 8. Mai 1982, konnte der neue Oberbürgermeister Hans Haller das Kulturzentrum Haus Illig zur Freude der künftigen Nutzer feierlich einweihen und der Öffentlichkeit übergeben.
Zu den Merkwürdigkeiten dieser Baugeschichte gehört auch der Zorn zahlreicher Stadträte darüber, dass sich mit den ständig steigenden Baukosten auch die Architektenhonorare rasant erhöhten. Man schob ihnen eine Mitschuld an der desaströsen Kostenentwicklung zu und warf ihnen vor, eine gründliche Prüfung von Statik und Bausubstanz des Gebäudes pflichtwidrig unterlassen zu haben. Deshalb bekam ich als Rechtsdezernent den Auftrag, von den Architekten unter jedem möglichen Rechtsgrund (Schadensersatz? Vertragsstrafe? Abgeld?) eine Reduzierung des Honorars zu verlangen. In einer schwierigen Verhandlung mit dem leitenden Architekten Günter Grässle einigten wir uns auf einen Abschlag von 50.000 DM, ohne einen Rechtsgrund dafür zu definieren. An einer gerichtlichen Auseinandersetzung, in der wohl auch die städtische Bauverwal-

tung Schaden genommen hätte, hatte keine Seite ein wirkliches Interesse, und der Gemeinderat gab sich mit diesem Ergebnis zufrieden.
Seitdem die Jugendmusikschule nun ein eigenes, großes Haus hatte, konnte sie ihr Angebot auf allen Gebieten wie zum Beispiel auch der Chor- und Kammermusik ausbauen und erweitern. Zusammen mit ihren Außenstellen im Voralb-Gebiet ist sie zu einer für Stadt und Kreis nicht mehr wegzudenkenden Kultureinrichtung für die Jugend und darüber hinaus geworden. Der Club Remise musste sich an vielerlei Besucher des Hauses gewöhnen und nutzte die ihm zur Verfügung gestellten Räume, bis er 1989 wegen massiver Probleme geschlossen werden musste. Das kleine Zimmertheater wurde von zahlreichen Veranstaltern genutzt und steht bis heute für viele Zwecke zur Verfügung. Klaus Heider arbeitete noch lange erfolgreich in seinem Atelier unterm Dach, und ein weiteres dort eingerichtetes Atelier war für die Aufnahme von jungen Kunststipendiaten der Helmut-Baumann-Stiftung bestimmt. Räume für das Kulturamt und eine Hausmeisterwohnung rundeten das Nutzungsprogramm des neuen Kulturzentrums ab.
Dass die Kosten des Projekts derart aus dem Ruder gelaufen sind, wurde in Presse und Öffentlichkeit noch lange kommentiert und beanstandet. Irgendwann aber hat das überzeugende Ergebnis der Baumaßnahme diese Kritik verstummen lassen. Für viel Geld hatte man auch viel bekommen!

VI. Unsere Amerikaner...

1. Cameron und Scott

Unsere liebste Amerikanerin ist unsere Enkelin Cameron, die am 7. März 2001 in San Francisco geboren wurde. Sie entstammt der Ehe unserer Tochter Cornelia Christ (1966-2005) mit dem damaligen Offizier der US-Streitkräfte Scott Powell aus Boston. Scott, der einige Jahre in Göppingen und in Stuttgart als Hubschrauberpilot Dienst tat, beherrscht die deutsche Sprache und lernte Cornelia auf einer Hochzeit gemeinsamer Freunde in München kennen. Nach Militärzeit und Heirat studierte er Recht und Politik an der Tufts University in Medford und „business“ an der Harvard-Business-School in Boston.
Cornelia starb 2005 in San Francisco an einer unheilbaren Krankheit. Scott lebt heute mit Tochter Cameron und seiner zweiten Frau Kim in dem Städtchen Half Moon Bay in Kalifornien. Als weltoffener, gescheiter und stets hilfsbereiter Amerikaner und als fürsorglicher Vater unserer Enkelin Cameron steht er uns ebenfalls sehr nahe.
Als Kinder hatten meine Schwestern und ich auch noch eine „Tante aus Amerika“. Es war die Halbschwester meiner Großmutter väterlicherseits, Mathilde Hartmann geb. Dietz, die in die USA ausgewandert war und in einem Krankenhaus in St. Louis als Pflegedienstleiterin gearbeitet hatte. In den schweren Jahren nach dem Zweiten Weltkrieg unterstützte Mathilde ihre deutschen Verwandten – so auch unsere Familie – mit wertvollen Lebensmitteln und dringend benötigten Raritäten. Als Kinder der Kriegs- und Nachkriegszeit, die den täglichen Mangel für normal hielten, beschäftigte es unsere Fantasie außerordentlich, im fernen Amerika eine Tante zu wissen, die notfalls alles und jedes besorgen konnte, was uns so dringlich fehlte.

2. Erste Begegnungen

Ganz im Gegensatz dazu nahm ich als achtjähriger Bub die heranrückenden Amerikaner in den letzten Monaten des Krieges als Feinde wahr, die uns als Tiefflieger oder Bomberpiloten sogar nach dem Leben trachteten. Nach der Zerstörung unseres Hauses in der Mannheimer Oststadt war unsere Familie in das Heimatdorf des Vaters (Griedel bei Butzbach in Oberhessen) gezogen. Dort war man in den letzten Monaten vor Kriegsende außerhalb des Hauses wegen Tieffliegerangriffen ebenfalls nicht mehr sicher, wie auch wir Kinder es auf dem Schulweg oder beim Spielen im Freien selbst erlebt haben. Es war wohl am Karfreitag, dem 30. März 1945, an dem ich dann zum ersten Mal richtige Amerikaner gesehen habe, weiße und schwarze Soldaten, die auf Panzern und Lastwagen durch unser Dorf rollten. Wenn sie anhielten und wir den Mut hatten, nicht wegzulaufen, blickten sie gelassen oder freundlich aus ihren Fahrzeugen auf uns herab, und manchmal schenkten sie uns eine Apfelsine oder einen Kaugummi. „Chocolate" und „chewing-gum" waren meine ersten amerikanischen Wörter. Für uns Kinder war es eine Zeit der Widersprüche: Einerseits die Gewissheit, dass es mit Krieg, Bomben und Tieffliegern nun vorbei sei, andererseits aber auch bei uns das Gefühl der Niederlage, welches durch die Angst vieler Leute, besonders der Frauen, vor Gewalttaten und Raub noch verstärkt wurde.

Während meines Studiums am Leibniz-Kolleg der Universität Tübingen und danach hatte ich persönliche Kontakte zu jungen Kanadiern, Engländern und Franzosen, nicht aber zu Amerikanern, deren politische und militärische Rolle in Deutschland und Europa mich jedoch intensiv beschäftigte. In Berlin zeigten sich ihre politischen Prinzipien und Interessen in der Konfrontation mit der früher verbündeten Sowjetunion und mit den Machthabern der DDR besonders ausgeprägt, weshalb ich mich im

Jahr 1957 entschloss, ein Studienjahr dort, und zwar an der 1948 unter amerikanischer Schirmherrschaft gegründeten „Freien Universität Berlin“, zu verbringen. Für mein Rechtsstudium war diese Zeit wenig ertragreich, aber ich habe hautnah und gewissermaßen in einer Feldstudie den Ost-West-Konflikt in seinem deutschen Zentrum „studieren“ können.

3. Das Hauptquartier der 1. Infanteriedivision (Forward) in Göppingen

Als ich im Sommer 1974 mein Amt als Bürgermeister in Göppingen antrat, traf ich unvermittelt wiederum auf amerikanisches Militär in erheblicher Stärke. Es war eine notwendige aber auch reizvolle Aufgabe, sich um die Beziehungen zu ihnen zu kümmern, schon weil sie immer wieder in der Stadt unterwegs waren und meiner Meinung nach auch die Chance haben sollten, am städtischen Leben teilzunehmen, soweit sie es wünschten. Bald nach Kriegsende hatte das amerikanische Militär Kaserne und Flugplatz der vormaligen Göppinger Heeresfliegerschule in Beschlag genommen und im Laufe der Jahre als „Cooke Barracks“ zur Stationierung verschiedener Militärverbände verwendet. Anfang der 70er Jahre wurde dort auch das Hauptquartier der „1st Infantry Division (Forward)“ eingerichtet, die von einem Brigadegeneral kommandiert wurde, und der weitere Militäreinheiten in Böblingen, Neu-Ulm und Augsburg angehörten.

Die über 3.000 Amerikaner in Göppingen setzten sich etwa zur Hälfte aus Militärpersonen und zur anderen Hälfte aus Beschäftigen und Familienangehörigen zusammen, wobei letztere überwiegend in der am Waldrand errichteten „housing area“

wohnten, welche außerhalb des bewachten Kasernengeländes lag. Obwohl der ganze Komplex mit Kaufhaus, Kirche, Kindergarten, Krankenhaus und sonst notwendigen Einrichtungen eine gute Infrastruktur aufwies und ziemlich autark funktionierte, gab es zum Beispiel im Straßenverkehr, in den Gaststätten und Nachtlokalen und in den öffentlichen Sport- und Freizeiteinrichtungen genügend Gelegenheiten zu freundschaftlicher Begegnung wie auch zu Konflikten. Ein „Deutsch-Amerikanischer Beratungsausschuss" mit führenden Vertretern der Göppinger Behörden, Kirchen, Gewerkschaften, Medien, des Sports und einigen engagierten Stadträten sowie Führungsoffizieren der Amerikaner nahm sich unter der Leitung des Stadtrats und Studienprofessors Alfons Feifel der Lösung auftretender Probleme an. Gleichzeitig entwickelte er Programme und Veranstaltungen zur Förderung guter Beziehungen zwischen Bevölkerung und Militärgemeinde. Ähnlich engagierte sich ein „Deutsch-Amerikanischer Frauenclub" im gesellschaftlichen Bereich für die Ehefrauen und Familien der amerikanischen Offiziere. Ihm gehörten auch meine Frau Hannelore und ihre Mutter Dorothea Markert an, wobei letztere aufgrund ihrer jahrelangen Tätigkeit für die amerikanische Mission in Berlin dafür besonders prädestiniert war. Von Amerikanern organisierte Clubs (Kontaktclub, Unteroffiziersclub) warben aktiv um interessierte deutsche Mitglieder und schlugen vor, alleinstehende Soldaten in der Weihnachtszeit zum Erlebnis einer deutschen Weihnacht in Göppinger Familien einzuladen. Die Aktion lief schon Jahre erfolgreich, aber meine Frau stellte bald fest, dass sich um die Familie des Kommandierenden Generals niemand zu kümmern schien.
Dieser Erkenntnis folgte rasch unsere persönliche Einladung an den damaligen Chef der Cooke-Barracks und seine Familie. Als sie zu unserer Freude auch angenommen wurde, waren wir schon ein wenig stolz darauf, an unserem ersten Weihnachtsfest in Göppingen den Kommandierenden General der „Big Red

One“ Wallace H. Nutting mit Ehefrau Jane und ihren Teenager-Töchtern Sally und Kathy bei uns zu Gast zu haben. Mit unseren beiden Töchtern Gabriele und Cornelia und den Schwiegereltern Hans und Dorothea Markert wurde daraus ein schöner und familiärer Weihnachtsfeiertag. Ein halbes Jahr später wurde Wallace Nutting in das Pentagon (Verteidigungsministerium) nach Washington versetzt, nicht ohne uns sein Bedauern darüber mitzuteilen, dass sein Aufenthalt in Göppingen, „a wonderful experience“, so schnell zu Ende gehe.

Bürgermeister Dr. Christ begrüßt den neuen Kommandeur der „Big Red One“, Brigadegeneral Neil Creighton, 1978, 2.v.l. Hartmut Felgner

Nach dieser schönen Erfahrung haben wir den Brauch beibehalten, die Kommandierenden Generäle in den Cooke-Barracks und ihre Familien an Weihnachten zu uns nach Hause einzuladen. Meistens sind sie auch gekommen und haben mit uns zusammen das Christfest gefeiert, so zum Beispiel BG Ennis G. Whitehead mit seiner Frau Novella 1975, BG Robert Wetzel mit seiner Frau Eilene und den Kindern Chris, Patricia, Catherine und Michael 1977, BG James R. Henslick mit Familie 1981 und andere. Wenn eine Einladung nicht angenommen werden konnte, empfingen wir auch gerne einen Stabsoffizier oder einen Truppenführer als Vertreter. Auf diesem Wege kamen auch immer wieder hochrangige Offiziere mit ihren Familien in unser Haus wie etwa die Familie James Wilson (1986) oder der Bataillonskommandeur George Joulwan mit Frau Karen und den Töchtern Jennifer, Chris und Jessica (1976). Joulwan, der den größten Teil seiner Militärlaufbahn in Deutschland verbrachte (vom Zugführer während des Mauerbaus in Berlin bis zum Kommandierenden General des V. US-Korps in Frankfurt am Main), wurde im Oktober 1993 Oberbefehlshaber der US-Streitkräfte in Europa und zugleich „Supreme allied Commander Europe“, also Chef der europäischen Nato-Streitkräfte in Mons, Belgien. Auf mein Gratulationsschreiben antwortete er im November, „as you can imagine, Karen and I are delighted to be back in Europe, and we too carry fond memories of christmas 1976“.

An Weihnachten 1989 waren Brigadegeneral William J. Mullen III mit seiner Mutter Georgia, seiner Frau Norma und Sohn Bill unsere Gäste. Es war der letzte Besuch dieser Art, denn nach dem Fall der Berliner Mauer und der glücklichen Wiedervereinigung der beiden Teile Deutschlands hatte die Regierung der USA entschieden, ihre Truppen in Deutschland drastisch zu reduzieren. Die 1. Infanteriedivision (Forward) wurde nach Amerika zurückverlegt und Oberbürgermeister Hans Haller verabschiedete General Mullen geziemend mit seiner Truppe im Juni 1991. Bis die Cooke-Barracks mit ihren ausgedehnten Anlagen schließlich geräumt in deutsche Hand zurückgegeben wurde, dauerte es allerdings noch bis Februar 1992.

Oberbürgermeister Hans Haller verabschiedet den letzten Kommandeur der „Big Red One", BG William Mullen III, 1991

William Mullen zog mit seiner Frau Norma später nach Kalifornien, wo auch unsere Tochter Cornelia mit ihrem Mann Scott Powell heimisch geworden war. „Unsere Kinder" trugen dazu bei, die freundschaftliche Verbindung mit der Familie Mullen – auch durch Besuche diesseits und jenseits des Ozeans – aufrecht zu erhalten. Auf meine Empfehlung lud die Stadt den letzten Kommandierenden, „Bill" Mullen, zur Teilnahme an einem am 2. Juli 2017 veranstalteten Festival „Remember Cooke Barracks" ein. Mit der Bitte, Scott Powell zur Unterstützung als Begleiter mitbringen zu dürfen, nahm er die Einladung dankbar an. Die Veranstaltung gedieh mit Reden und Musik zu einem Volksfest, und besonders für diejenigen, welche 25 und mehr

Jahre zuvor die Anwesenheit der Amerikaner in Göppingen noch miterlebt hatten, war es ein schöner Tag voller Erinnerungen.

Die Kontaktpflege auf der Leitungsebene der amerikanischen Militärgemeinde hatte natürlich auch einen positiven Einfluss auf alle anderen Beziehungen zwischen der Bevölkerung und den Amerikanern. Vertreter neu nach Göppingen verlegter Einheiten wurden regelmäßig im Rathaus zur Vorstellung der Stadt und ihrer Einwohner begrüßt und zur Mitbenutzung der Einrichtungen für Kultur und Sport eingeladen. Es wurden Betriebsbesichtigungen organisiert und sportliche Wettkämpfe verabredet, und auch der Maientag bot mit Festzug, Rummelplatz und Bierzelt vielfältige Gelegenheiten, Freundschaft zu schließen und gemeinsam Spaß zu haben.
Die Militärgemeinde ihrerseits organisierte im Sommer regelmäßig die „Deutsch-Amerikanische Freundschaftswoche“ im Kasernengelände. Dann öffneten sich die sonst verschlossenen Tore für jedermann, und je nach Interesse konnte man an Spielen oder Wettkämpfen teilnehmen, Militärfahrzeuge und Hubschrauber unter die Lupe nehmen oder im Festzelt mit Musik einfach amerikanisch essen und trinken.
Einen Höhepunkt erreichte die Partnerschaft, als Oberbürgermeister Dr. König den Mitgliedern der amerikanischen Militärgemeinde symbolisch den Status von „Mitbürgern auf Zeit“ verlieh, indem er dem Kommandierenden General stellvertretend für Offiziere, Mannschaften und Angehörige im Rathaus feierlich einen entsprechenden Bürgerbrief überreichte. Der erste im Juni 1975 derart zum „Bürger auf Zeit“ ernannte Amerikaner war der inzwischen zum Generalmajor beförderte Wallace H. Nutting.

4. Konflikte

Das erfreuliche Kapitel deutsch-amerikanischer Freundschaft in Göppingen soll nicht abgeschlossen werden, ohne auch an zwei Krisen zu erinnern, welche die guten Beziehungen und den Frieden in Göppingen und Umgebung monatelang erheblich gestört haben.

Der erste Konflikt entstand 1972/73 (wir wohnten noch in Stuttgart) mit der Ankündigung der amerikanischen Militärverwaltung, im Waldgebiet nordöstlich von Göppingen (Oberholz, Wachtert und anschließende Waldgebiete) einen Truppenübungsplatz mit einer Fläche von 162 ha einzurichten. Unverzüglich verabschiedeten die kommunalen Gremien von Göppingen und Eislingen und der Kreistag Protestresolutionen gegen Art und Umfang dieser Planung, deren Größenordnung ursprünglich sogar 400 ha betragen hatte. Zugleich riefen der Schwäbische Albverein unter der Führung des Gauobmanns und Stadtrats der FDP/DVP Alfred Beug und der Deutsche Alpenverein durch seinen Vorsitzenden Rolf Steinmeyer sowie zahlreiche weitere Organisationen die Bürgerinitiative „Rettet den Stauferwald“ ins Leben. Mit einer Unterschriftenkampagne, Demonstrationen und einem 3 Kilometer langen Schweigemarsch durch die Stadt zeigte sie eindrucksvoll den Widerstand der Bevölkerung. Zusammen mit den tangierten Gemeinden, den protestierenden Verbänden und der Politik auf allen Ebenen einschließlich der Landesregierung und des deutschen Verteidigungsministeriums gelang es schließlich, die Amerikaner von ihrem Plan abzubringen und einen Kahlschlag im Naherholungsgebiet von Göppingen und Eislingen zu verhindern. Der Preis dafür war, dass die in den Cooke-Barracks stationierten Einheiten der Division weiterhin mit Panzern und schwerem Kriegsgerät in aller Frühe durch einige Straßen der Stadt zum Güterbahnhof „rumpelten“, um von dort mit der Eisenbahn zu

Übungen und Manövern auf anderen Truppenübungsplätzen gefahren zu werden. Die Beschwerden der von Erschütterung und Lärm betroffenen Einwohner waren bis zum Abzug der Amerikaner ein immer wiederkehrendes Thema im Rathaus und in manchen Gremien.

Der zweite, im Jahr 1985 aufgekommene Konflikt hatte seine Ursache in dem Plan der Amerikaner, zusätzlich zu den sechs auf Cooke Barracks stationierten Hubschraubern eine ganze Hubschrauberstaffel mit 12 Maschinen von Mutlangen, dem Standort der umstrittenen Pershing-II-Raketen, nach Göppingen zu verlegen. Dabei blieb deren eigentliche Aufgabe ebenso unklar wie die Frage, ob womöglich noch weitere Maschinen in Göppingen zu erwarten seien. Gerüchteweise war von 40 oder mehr Kampfhubschraubern oder sogar von Maschinen die Rede, welche Atomsprengköpfe oder Teile der Pershing-II-Raketen transportieren würden. Wieder bildete sich eine Bürgerinitiative mit der Forderung „Keine Hubschrauber nach Göppingen und Eislingen", die zunächst zusätzliche Lärmemissionen und Belästigungen durch weitere Hubschrauber abwehren wollte. Unklare Verlautbarungen der amerikanischen Militärverwaltung gegenüber Gemeinden und Bevölkerung brachten der Initiative immer mehr Zulauf. Dazu kam ein latenter Antiamerikanismus, der sich in Teilen der Bevölkerung seit den Massendemonstrationen der Friedensbewegung von 1981 bis 1983 gegen die Stationierung neuer Raketen ausgebreitet hatte. In den mit großer Publizität und prominenter Beteiligung veranstalteten Belagerungen des streng bewachten Raketendepots in Mutlangen fand diese Abwehrhaltung in unserer Region ihren Höhepunkt. In dieser Stimmungslage war eine rationale Erörterung der amerikanischen Hubschrauberpläne nicht mehr möglich.
Der Göppinger CDU-Bundestagsabgeordnete Dr. Manfred Wörner, damals zugleich deutscher Verteidigungsminister, stand

als Interessenvertreter der Bevölkerung seines Wahlkreises, also der hauptsächlich betroffenen Gemeinden Göppingen und Eislingen, und zugleich als das für die militärische Zusammenarbeit mit den Amerikanern zuständige Regierungsmitglied vor der eigentlich unlösbaren Aufgabe, die gegensätzlichen Ziele unter einen Hut zu bringen. Es blieb ihm am Ende nichts anderes übrig, als auf die Entscheidungshoheit der Amerikaner für ihre militärischen Organisationsfragen zu verweisen. Trotz der persönlichen Vorsprache der Spitzen des Kreises und der betroffenen Städte im US-Hauptquartier in Heidelberg und trotz des persönlichen Engagements des deutschen Verteidigungsministers blieb es deshalb bei der Verlegung der Hubschrauberstaffel mit 12 Maschinen von Mutlangen nach Göppingen. Zugesagt wurde, dass es sich um Transport- und nicht um Kampfhubschrauber handle, und dass auch nicht mehr daran gedacht sei, weitere Einheiten nach Göppingen zu verlegen. Die Probleme durch Lärm und andere Emissionen müssten in den Kommunen vor Ort gelöst werden. Anders als bei dem früheren Streitfall eines geplanten Truppenübungsplatzes im Stauferwald hatten dieses Mal die Anstrengungen der lokalen Initiativen und der großen Politik keinen Erfolg. Die Enttäuschung darüber war tief und hallte noch längere Zeit in der Presse nach.

Einen nur wenig kaschierten Antiamerikanismus habe ich im Januar 1991 auch persönlich erlebt, als die USA mit sieben arabischen Staaten sowie Großbritannien, Frankreich und mehreren weiteren Ländern und gestützt auf eine Resolution der UNO den sogenannten Ersten Golfkrieg gegen Iraks Staatschef Saddam Hussein eröffneten, der kurz zuvor Kuweit überfallen und annektiert hatte. In vielen deutschen Städten, so auch in Göppingen, machte sich eine diffus-depressive Stimmung mit Demonstrationen, Lichterketten und Lesungen breit, aber nicht etwa gegen Saddam Husseins völkerrechtswidrigen Überfall,

sondern gegen den Krieg und seinen Anführer USA. In Göppingen wurde die Situation noch dadurch belastet, dass auch Verbände aus den Cooke-Barracks zum Einsatz an den Golf verlegt wurden. Öffentliche Vergnügungsveranstaltungen wurden daraufhin abgesagt und Vereine ließen ihre Faschingsfeiern und Jahresfeste ausfallen. Gegen diesen starken Trend habe ich als damaliger Vorsitzender des Alpenvereins an dem Plan festgehalten, die schon lange für den 26. Januar 1991 geplante 90-Jahr-Feier unserer Sektion trotzdem durchzuführen, und zwar im Rahmen des dann 76. traditionellen Alpenballs. Natürlich hatte ich die Angelegenheit mit General Mullen, der ursprünglich mit seiner Frau an dem Ball teilnehmen wollte, besprochen und seine ausdrückliche Zustimmung erhalten. Mullen trieb damals, wie er Jahre später offenbarte, die Sorge um, dass es in der labilen Stimmung zu Übergriffen gegen Personen oder Einrichtungen seiner Militärgemeinde kommen könnte.
Im offiziellen Teil der Veranstaltung ging ich auf den Ernst der Lage gebührend ein, hielt dann eine Festrede zum 90-Jahr-Jubiläum der Sektion und ließ nach einer angemessenen Pause der traditionellen Feier ihren gewohnten Lauf.
Dass sich vor Veranstaltungsbeginn ein paar Protestierer mit Plakaten und brennenden Kerzen bei der Stadthalle einfanden, gehörte damals zur politischen „Kultur“. Eine bei der Polizei eingegangene Bombendrohung, die eine (ergebnislose) Durchsuchung der Veranstaltungsräume auslöste, galt auch schon zu jener Zeit als kriminell, zeigte aber auch, wie aufgeheizt die Stimmung in den Protestmilieus war. Die lokale Zeitung (NWZ) blieb der Veranstaltung demonstrativ fern und missbilligte sie scharf in einem anonymisierten Kommentar als unsolidarisch gegenüber Vereinen, die ihre Feiern (meistens Faschingsfeiern) abgesagt hatten. In Wahrheit passte es ihr und den aufgeschreckten Teilen der Öffentlichkeit nicht, dass wir, der größte

Verein im Landkreis, uns dem starken Trend und Druck, die Veranstaltung „tief betroffen“ abzusagen, entzogen hatten.

„Revival Cooke Barracks 2017“
Von links: Scott Powell, Brigadegeneral ret. William Mullen III, Oberbürgermeister i.R. Hans Haller, Dolmetscherin Eva Reyher, Generalleutnant Ben Hodges, Oberbürgermeister Guido Till

Im Sommer 2020 kann ich dieses Kapitel über „unsere Amerikaner“ nicht abschließen, ohne meine tiefe Sorge über den Weg auszudrücken, auf den der derzeitige Präsident der Vereinigten Staaten von Amerika sein Land im Inneren und im Äußeren geführt hat. Sein Ziel, die USA zu stärken, ist auch aus deutscher und europäischer Sicht richtig, weil das Land mit seinem wirtschaftlichen und militärischen Potential als Garant für die Sicherheit „des Westens“ in einer zunehmend instabilen Welt entscheidend und unersetzlich ist. Mit seiner irrationalen und unberechenbaren „America-First-Politik“ beschädigt Trump aber bewährte Strukturen der internationalen Staatengemeinschaft – oder er verlässt gar ihre Organisationen – anstatt an ihrer Reformierung mitzuwirken. Von Diplomatie hält er nichts, und seine Mannschaft handelt danach. Mit an den „Wilden Westen“ erinnernden Umgangsformen gefährdet er die im beiderseitigen Interesse liegende Zusammenarbeit mit den europäischen Ländern und der EU. Wer sich mit Amerika verbunden fühlt und seine Errungenschaften und Möglichkeiten und nicht zuletzt das Glücksversprechen seiner Gründerväter schätzt, der wünscht dem Land im Herbst von Herzen einen neuen Präsidenten.

VII. Der Göppinger Denkmalstreit und das Bundesverfassungsgericht

In Deutschland gibt es nach Schätzung der Deutschen Stiftung Denkmalschutz über 100.000 Kriegerdenkmäler. Im Jahr 2013 hatte die Stiftung das Interesse der Öffentlichkeit auch auf diese zuweilen kritisch betrachteten Denkmäler gelenkt, als sie den jährlichen Tag des offenen Denkmals unter das Motto stellte: „Jenseits des Guten und Schönen: Unbequeme Denkmäler". Von den insgesamt fünf in Göppingen errichteten Ehrenmalen zur Erinnerung an die Kriegstoten und die Opfer des Faschismus waren und sind zwei seit ihrer Aufstellung tatsächlich von Teilen der Bevölkerung als mindestens unbequem empfunden und hin und wieder sogar in Frage gestellt worden: das als Pieta gestaltete Erinnerungsmal an die Gefallenen des Ersten Weltkriegs des Bildhauers Jakob Fehrle aus Schwäbisch Gmünd, welches heute vor dem städtischen Friedhof steht, und das in einem Ehrenhof bei den Mörike-Anlagen aufgestellte Kriegerdenkmal mit einer Soldatengruppe des Göppinger Künstlers Fritz Nuss.

Die von christlichem Vorbild und pazifistischem Geist geprägte Leidensmutter mit ihrem toten Sohn hatte in einem 1928 von der Stadt durchgeführten Wettbewerb den 1. Preis gewonnen, war aber trotz ihrer künstlerischen Qualität in der Bevölkerung kritisiert worden, weil das Werk seinen eigentlichen Zweck als Ehrenmal für die gefallenen Soldaten des Weltkriegs nicht erfülle. Zur Aufstellung der Skulptur im November 1930 schrieb die lokale Zeitung, das Denkmal sei in Göppingen wohl angenommen, aber wenig geliebt. Nachdem die Nationalsozialisten auch hier die Macht übernommen hatten, wurde auf ihr Betreiben 1937 ein neuer Wettbewerb veranstaltet, den der Göppinger Bildhauer Fritz Nuss gewann. Um dessen Kriegerdenkmal zweier monumental ausgeführter Soldaten Platz zu machen, wurde die „Pieta“ im Dezember 1938 zum Friedhof versetzt. Wenig später (1939) fanden die Steinsoldaten im Hof bei den Mörike-Anlagen Aufstellung. (Die Geschichte dieser und der drei weiteren Göppinger Kriegerdenkmale hat Konrad Plieninger in dem Begleitband des Stadtarchivs Göppingen, Band 32, zur Ausstellung „Göppingen unterm Hakenkreuz“ 1994 ausführlich dargestellt.)

Auch das neue Kriegerdenkmal von Fritz Nuss hatte angesichts des Kriegsbeginns 1939 und der totalen Niederlage von 1945 einen problematischen Start. Vom Bildhauer an Ort und Stelle erst 1940 ganz fertiggestellt, wurde es ohne öffentliche Einweihung verhüllt und eingerüstet. Nach dem Krieg ließen die Amerikaner in „Säuberungsaktionen“ viele Kriegerdenkmäler und andere Monumente in der Region als militaristische oder nationalsozialistische Propagandawerke abbrechen, nicht jedoch das unversehrt gebliebene Standbild bei den Mörike-Anlagen. Die Gutachter der Sieger besaßen die Fähigkeit, die Soldaten, welche zwar monumental, aber keineswegs aggressiv, sondern in trauernder Haltung dargestellt sind, von nationalsozialistisch geprägten oder entsprechend dekorierten Standbildern zu unterscheiden. In den darauffolgenden Jahren wurden an den Mauern des Ehrenhofes Tafeln mit den Namen der rund 800 im Ersten Weltkrieg und der etwa 2.000 im Zweiten Weltkrieg gefallenen Göppinger angebracht. Das Ensemble von Soldatengruppe und Gedenktafeln diente fortan als Ort der persönlichen Trauer und Erinnerung an die im Krieg gestorbenen Söhne, Männer und Väter und zugleich als öffentliche Gedenkstätte für die in den beiden Weltkriegen gefallenen Göppinger. Ab 1952 legte der Oberbürgermeister oder ein Vertreter der Stadt zum Volkstrauertag an dem Kriegerdenkmal einen Kranz mit den Farben der Stadt nieder.

Kriegerdenkmal von Fritz Nuss (1938) und „Schalung" von Nasan Tur (2017)

Auf dem bald nach Kriegsende angelegten „Ehrenfriedhof“ inmitten des Göppinger Friedhofs gedachte man der bei den Bombenangriffen der Alliierten getöteten Göppinger und der hier gestorbenen Soldaten, Kriegsgefangenen und Zwangsarbeiter aus anderen Ländern.

Für die Beurteilung der späteren Ereignisse um die beiden unbequemen Kriegerdenkmäler in Göppingen muss man sich wieder einmal bewusst machen, dass mit jedem Generationenwechsel die Geschichte und damit ihre Hervorbringungen neu gesehen und interpretiert werden. Dies gilt in besonderem Maße auch für alles, was in den verhängnisvollen zwölf Jahren der Nazi-Diktatur gebaut oder hergestellt worden ist. Mag auch die Ersetzung der Pietaskulptur von Fehrle durch die Soldatengruppe von Nuss als nationalsozialistische Aktion immer wieder kritisiert worden sein, das Denkmal selbst war von der Bevölkerung akzeptiert und durch die Gedenktafeln gewissermaßen in Besitz genommen worden. Niemand wäre in der Nachkriegszeit auf die Idee gekommen, seinen Fortbestand als hinderlich beim Aufbau eines demokratischen Deutschland in Frage zu stellen. Dass aber die Missbilligung des Denkmaltauschs von 1938 im Laufe der Zeit auch auf die Soldatenskulptur von Fritz Nuss selbst erstreckt und dieselbe als „Nazi-Denkmal“ und „Nazi-Steinkrieger“ abqualifiziert wurde, war erst späteren Generationen vorbehalten. Wieviel Anteil einerseits die Studentenbewegung von 1968 mit ihrem Anspruch, von jetzt ab die nationalsozialistische Vergangenheit Deutschlands richtig aufzuarbeiten, und andererseits die in den 80er Jahren sehr aktive Friedensbewegung daran hatte, kann hier dahingestellt bleiben. Jedenfalls verbreitete sich in den politisch aufgeregten Zeiten der 70er und 80er Jahre die Unsitte, seiner Ablehnung alles Militärischen und jeglicher Autoritäten durch Parolen und Farbschmierereien auf öffentlichen Gebäuden und eben auch auf

Denkmälern Ausdruck zu verleihen. In Göppingen waren das Rathaus, das Schloss, das Jugendgefängnis und andere öffentliche Gebäude häufig das Ziel solcher Attacken und immer wieder auch das Kriegerdenkmal in den Mörike-Anlagen.
Als 1974 neu ins Amt gekommener und gerade erst nach Göppingen umgezogener Bürgermeister hatte ich zunächst keinen Grund, mich um Probleme zu kümmern, die anscheinend manche junge Göppinger mit dem Kriegerdenkmal von Nuss hatten. Die Soldaten erinnerten mich vielmehr an diejenigen, welche 1943 hinter unserem Dorf Übungen veranstaltet hatten, und auch an jene, die auf dem Rückzug im März 1945 wieder in unser Dorf kamen, wo sie buchstäblich alles von sich warfen, was sie bis zum absehbaren Ende des Krieges nicht mehr zu benötigen glaubten. Die Soldaten von Fritz Nuss erschienen mir also als ein ziemlich wirklichkeitsnahes Abbild zweier trauernder, aber auch Standhaftigkeit ausdrückender Soldaten der Zeit. Ihre schiere Größe und massive Gestaltung war wohl ungewöhnlich, und diese Eigenschaften ließen erkennen, dass sie in der Zeit des Nationalsozialismus aufgestellt worden waren. Kriegslust und Aggressivität aber konnte und kann ich bei ihnen nicht erkennen, und wenn die Grün-Alternative Liste im Göppinger Gemeinderat später in dem Standbild eine „Verherrlichung des Krieges" und Verhöhnung der Opfer sehen wollte, so blieb sie mit dieser Interpretation sehr allein.
Es war Mitte Oktober 1996, als das Kriegerdenkmal und die Gedenkstätte insgesamt derart beschmiert und mit Schmähungen beschriftet wurde, dass man von einer Schändung sprechen muss. Neben den üblichen Verschmutzungen war dieses Mal mit Farbdosen die Parole „Soldaten sind Mörder" auf das Standbild und auf Tafeln mit den Namen von Gefallenen aufgesprüht worden. Ich erinnerte mich an die kurze Zeit vorher geführte öffentliche Diskussion über einen Beschluss des Bundesverfassungsgerichts, nach dem dieser Satz keine Beleidigung

darstelle, sondern vom Grundrecht der freien Meinungsäußerung gedeckt sei. Da ich entschieden anderer Meinung war, entschloss ich mich, der damaligen Präsidentin des Gerichts, Prof. Dr. Jutta Limbach, einige Bilder zu schicken und folgenden Brief zu schreiben:

Sehr verehrte Frau Präsidentin,

die beigelegten Fotos zeigen die einschlägige Beschriftung einer Soldatengruppe und einiger Tafeln, auf denen die Namen von Gefallenen der beiden Weltkriege aufgeschrieben sind. Die Täter sind unbekannt; Strafanzeige ist erstattet (wegen Sachbeschädigung, weil die Meinungsäußerung ja erlaubt sein könnte).
Auch wenn meine juristischen Staatsexamen schon mehr als 30 Jahre zurückliegen, kann ich Geistesschärfe und Tiefsinnigkeit des Gerichtsbeschlusses noch nachvollziehen. Ich weiß aber auch, und sehe es an solchen Machenschaften bestätigt, daß der Beschluss weltfremd und falsch ist.
Das Bundesverfassungsgericht hat in dieser Sache den Kontakt zur Wirklichkeit verloren und die Folgen nicht ausreichend bedacht. Dies ist zu bedauern.

Mit freundlichen Grüßen
Dr. Christ
Bürgermeister

Drei Wochen später bedankte sich die Präsidentin in einem persönlichen Schreiben und teilte mit, sie habe den Brief mit den Anlagen den Mitgliedern des Ersten Senats zur Kenntnis gegeben. Sie schließt mit dem auslegungsfähigen Satz:

„Bitte haben Sie Verständnis dafür, dass ich mich in dieser Angelegenheit jeden Kommentars enthalte. Freundlich grüßt Sie Jutta Limbach."

Natürlich hatte ich Verständnis dafür, aber auch die Gewissheit, den hohen Richtern die bösen Folgen ihres bedenklichen Spruches vor Augen geführt zu haben. Das Gericht hatte über vier Verfassungsbeschwerden gegen strafgerichtliche Verurteilungen wegen Beleidigung der Bundeswehr und einzelner Personen durch Äußerungen wie „Soldaten sind Mörder" zu entscheiden. Der Kernsatz des Beschlusses vom 10. Oktober 1995 (vgl. NJW 1995, Heft 10, Seite 3303) lautet:

> *„Die Äußerung, deretwegen die Beschwerdeführer wegen Beleidigung bestraft worden sind, genießen den Schutz von Artikel 5 I, 1 GG."* (Anm. des Verfassers: Art. 5, I, 1 des Grundgesetzes garantiert das Recht der freien Meinungsäußerung und -verbreitung in Wort, Schrift und Bild.)

Das Gericht stellte zwar fest:

> *„Selbst wenn mit dieser Bezeichnung nicht der Vorwurf einhergeht, der Betroffene habe tatsächlich Morde begangen, so bleibt doch die wertende Gleichstellung mit einem Mörder eine tiefe Kränkung. Diese Gleichstellung wiegt besonders schwer, wenn der Ausdruck im strafrechtlichen Sinne unter Einschluß der subjektiven Mordmerkmale des § 211 des StGB gebraucht wird. Sie besteht aber auch dann, wenn er umgangssprachlich verwendet wird, denn auch in diesem Falle bezeichnet er eine Person, die in einer sittlich nicht zu rechtfertigenden Weise zur Vernichtung menschlichen Lebens beiträgt oder bereit ist. Darin liegt ebenfalls ein Unwerturteil, das geeignet ist, den Betroffenen im Ansehen seiner Umwelt empfindlich herabzusetzen. Dies gilt insbesondere, wenn sich der Vorwurf nicht auf ein vereinzeltes Verhalten, sondern auf die gesamte berufliche Tätigkeit bezieht."*

Bei der Erörterung der Frage, ob sich der inkriminierte Satz vielleicht nur *„gegen Soldatentum und Kriegshandwerk schlechthin"* gerichtet habe, versteigt sich das Gericht zu dem Satz:

> *„... auch in der Verwendung des Wortes >Mörder< muß nicht notwendig der Vorwurf einer schwerkriminellen Haltung oder Gesinnung gegenüber dem einzelnen Soldaten enthalten sein."*

Mit abwegigen Auslegungskünsten und einer gewissen Entrücktheit hatte es der Erste Senat des Bundesverfassungsgerichts also geschafft, den für die Bundeswehr und ihre Soldaten in hohem Maße ehrverletzenden Satz unter den Schutz des Grundgesetzes zu stellen. Die Frage, wie sich solche beleidigenden Diffamierungen auf den Geist und den Ruf der Bundeswehr und ihrer Soldaten auswirkt, von denen doch ein korrekter und gegebenenfalls aufopfernder Dienst für die Allgemeinheit erwartet wird, haben sich die Richter in dem Beschluss nicht gestellt, und auch nicht die Frage nach gesellschaftlichen Folgen derartiger Ausgrenzung eines Teils der Bevölkerung. Nur ein Mitglied des Senats, die Richterin Evelyn Haas, hat die auffällig dem Zeitgeist folgende Entscheidung des Gerichts abgelehnt und ihre abweichende Meinung veröffentlicht.

Einige Wochen nach der Schändung des Kriegerdenkmals von Fritz Nuss erreichte die Frage, wie mit dem Ehrenmal in Zukunft umzugehen sei, den Gemeinderat mit einer überraschenden Brisanz: Die Vorsitzende der damals dreiköpfigen GAL-Fraktion (Grün-Alternative Liste), Ilona Abel-Utz, hatte in den Beratungen für den Haushaltsplan 1997 den Antrag gestellt, das Kriegerdenkmal abzubauen: die „Nazi-Steinkrieger" sollten zukünftig „in gestürzter Form mit einem angemessenen Kommentar ...als *Denk-Mal-Nach*" Verwendung finden. Die Soldaten seien ein deutliches Beispiel von Nazi-Ästhetik in Göppingen, stünden

für „Kriegsverherrlichung und Relativierung des Leids“ und verhöhnten die Millionen von Toten der Weltkriege dieses Jahrhunderts, heißt es in der Begründung. Nach einer sehr emotionalen Debatte im Göppinger Gemeinderat stimmten am 31. Januar 1997 nur die drei GAL-Vertreter für den Antrag, während ihn alle anderen Stadträte geschlossen ablehnten.
Unter der simplifizierenden Überschrift „Ist es ein Symbol der Naziherrschaft oder ein Mahnmal gegen den Krieg?“ startete tags darauf die lokale NWZ eine Leserumfrage. Nach wenigen Tagen musste sie einen „Aufschrei“ gegen den Antrag konstatieren und die Umfrage wegen „massenweise(r) Zuschriften“ stoppen. Die allermeisten Briefschreiber sahen in dem Skulpturenensemble ein Mahnmal zum Gedenken an die Toten der Weltkriege und verlangten, das Kriegerdenkmal auf jeden Fall zu erhalten. Die Antragsteller mussten dabei auch heftige Vorwürfe wie Verunglimpfung der Toten, Denkmalstürmerei und Diffamierung der gefallenen Soldaten hinnehmen. Konrad Plieninger, der sich in seinem o.g. Aufsatz von 1994 durchaus kritisch mit dem Denkmal befasst hatte, urteilte nun, das Kriegerdenkmal sei zwar „keine Apotheose des Friedens, aber ihm fehlen die authentischen Elemente der Nazi-Ideologie“. Den GAL-Stadträten bescheinigte er einen „Mangel an Sensibilität für die mit dem Kriegerdenkmal verbundenen Erinnerungen und Lebensbilder der Kriegsgeneration und ihrer Familien“ und warnte vor „symbolisch beschönigtem, geschichtsblindem Vandalismus“ (NWZ 10.02.97, S.13).

Wie unmittelbar die problematische Gerichtsentscheidung vom Oktober 1995 in die grün-alternative Szene Göppingens eingewirkt hatte, konnte man schon im Dezember 1995 in deren links-autonomem Blatt „Hinterland im Aufbruch“ nachlesen, wo es – primitiver, aber im Ziel den späteren GAL-Antrag vorwegnehmend – heißt: „Wenn alle, die das Teil annervt, etwas machen würden, müsste die Gerätschaft doch zu kippen sein. ... Fünfzig Jahre Nazidenkmal sind genug – Hau weg, den Dreck!!!" Der Aufruf hatte ein Gerichtsverfahren zur Folge, in dem ein Angehöriger der Antifa als presserechtlich Verantwortlicher wegen Aufforderung zu einer Straftat zu einer Geldstrafe verurteilt wurde. Wie in dem Verfahren vor dem Bundesverfassungsgericht hatte der Anwalt des Angeklagten – dieses Mal allerdings vergeblich – plädiert, die Worte „kippen" und „weghauen" seien nicht wörtlich, sondern nur im übertragenen Sinn gemeint gewesen, um politischen Druck auszuüben. Offensichtlich hatte der Beschluss der hohen Richter auch die Meinungsbildung der Grün-Alternativen Liste im Gemeinderat zum Kriegerdenkmal maßgeblich beeinflusst.

Nach der heftigen Abfuhr, welche die Grünen in Gemeinderat und Öffentlichkeit erfahren hatten, hätte man einen Lernprozess oder wenigstens die Entwicklung eines gewissen Verständnisses für die Göppinger Bürger und Familien erwarten dürfen, welche das Kriegerdenkmal bei den Mörike-Anlagen seit Jahrzehnten als Ort der Erinnerung und des Gedenkens an gefallene nahe Verwandte betrachtet und geachtet haben. Man hat aber im links-grünen Umfeld wohl eher auf das Absterben der letzten Kriegsgeneration mit persönlichen Erinnerungen an ihre Gefallenen warten wollen, um einen neuen Anlauf zur Entfernung der Soldatengruppe aus den Mörike-Anlagen zu nehmen. Der fand dann im Jahr 2012 mit dem Vorschlag der inzwischen vergrößerten Grünen-Fraktion statt, dass im Weg eines Denkmaltausches die Pieta Fehrles vom Friedhofseingang auf ihren ursprünglichen Platz bei den Mörike-Anlagen zurückkehren solle, während die Steinsoldaten von Nuss zum Friedhofseingang zu versetzen seien. „Die Zeit der nationalsozialistischen Kriegsverherrlichung und des Heldengedenkens ist längst vorbei...", argumentierten sie jetzt, aber auch diesen Antrag lehnte der Gemeinderat im März 2013 nach lebhafter Debatte mit einer großen Mehrheit ab. Kriegsverherrlichung konnten die allermeisten Stadträte in den barhäuptigen, ernst dreinblickenden Soldaten nicht erkennen, und ob die Gruppe wirklich Helden abbilde? ... Oberbürgermeister Guido Till erklärte, mit der Versetzung lasse sich die Geschichte des Kriegerdenkmals nicht rückgängig machen. Er versprach, die Historie der Denkmäler und ihres Tauschs im Dritten Reich an beiden Standplätzen in geeigneter Form darstellen zu lassen. Die tendenziell schon früh auf Seiten der Gegner der „Nazi-Soldaten“ agierende Lokalzeitung NWZ sah in dieser Zusage einen Teilerfolg der Grünen und kam wiederholt auf die Angelegenheit zurück. Im Spätsommer 2015 wurden die Hinweistafeln zu Geschichte und politischen Hintergründen der zwei unbequemen Denkmale an beiden Standorten aufgestellt. Auf Betreiben des Göppinger Kunstvereins errichtete 2017 der Berliner Künstler Nasan Tur vis à vis und korrespondierend zu den Steinsoldaten ein „Verschalung“ genanntes Holzkonstrukt, welches die Einrüstung der Steinsoldaten im Jahr 1940 frei nachbilden sollte. Er wolle damit, sagte er, auf die Instrumentalisierung der Kunst durch die Politik hinweisen.

Die verdienstvollen Bemühungen von Stadt und Kunstverein um zeitgemäße Information und Aufklärung haben es aber leider bis heute nicht vermocht, Ideologen und Vandalen davon abzuhalten, das Kriegerdenkmal von Fritz Nuss weiterhin, und nun auch die Begleitskulptur von Nasan Tur, zu beschädigen und zu schänden. Was in Göppingen zweimal vergeblich versucht wurde, bezeichnete der bekannte Historiker Götz Aly in anderem Zusammenhang treffend als „Geschichtsexorzismus“.

VIII. Vom Kilimandscharo und anderen Bergen...

1. Im Bann des weißen Berges

Am 8. Februar 2007 morgens um 8 Uhr stand ich mit meinem Bergfreund Richard Ziller aus Deggingen auf dem Kilimandscharo, dem höchsten Berg von Afrika. Es war ein Tag vor meinem 70. Geburtstag, und wir genossen die wärmenden Strahlen der aufgehenden Sonne, hinter uns die Eiswände des südlichen Kibo-Gletschers und unter uns ein Wolkenmeer, durch dessen Lücken wir bis zum Flachland hinunterschauen konnten. In einem unbeobachteten Augenblick zog ich eine Haarlocke meiner Tochter Cornelia aus der Brusttasche und warf sie in den Wind; der nahm sie mit über den harten Schnee und den Kraterrand, der das riesige Bergmassiv umschließt.
Etliche Jahre zuvor hatte ich Cornelia, die damals schon in Kalifornien lebte, versprochen, sie auf den Kilimandscharo mitzunehmen, wenn ich den schon älteren Gedanken an diese große Bergtour doch noch in die Tat umsetzen würde. Das war auf einer gemeinsamen Bergwanderung zum Säntis und zum Altmann im Kanton St. Gallen gewesen, zusammen mit ihrer Schwester Gabriele und den Ehemännern Scott und Remo. Am 10. September 2005 aber war Cornelia an einem seltenen Krebsleiden in San Francisco gestorben, und Scott hatte im Wissen um mein Versprechen eine Haarlocke mitgebracht, als er zur Beisetzung ihrer Urne nach Göppingen kam. Während ich im Jahr darauf ein Buch über Cornelias Leidensgeschichte schrieb, reifte in mir der Entschluss: Ich will die Tour – in Gedanken von Cornelia begleitet – wagen, und ich bringe etwas von ihr hinauf auf den weißen Berg.
Nach dem tragischen Tod unserer Tochter stand meiner Frau Hannelore und mir ohnehin nicht der Sinn nach einer Feier meines bevorstehenden runden Geburtstages. So deklarierte ich

das geplante Unternehmen als Geburtstagsgeschenk an mich selbst und fand in meinem alten Bergfreund Richard Ziller einen Begleiter und Kameraden, der vom Kilimandscharo bisher nur geträumt hatte. Wir vertrauten uns dem DAV-Summitclub an, der die Kibo-Tour in Kombination mit einer Safari zum Tarangire Nationalpark angeboten hatte, und flogen am 31. Januar 2007 nach Afrika.

Auf den Kilimandscharo hinaufzusteigen, ist eine Herausforderung hinsichtlich Kondition, Ausdauer und Akklimatisation. Als Bergtour weist das Unternehmen – mit Ausnahme des Gipfelanstiegs – aber keine größeren Schwierigkeiten auf als eine ausgedehnte Bergwanderung; man könnte es mit einem Weitwanderweg vergleichen, der am Schluss mit einem „Gipfelsturm" gekrönt wird. Dieser letzte Anstieg hat es allerdings in sich, weil er in der Nacht, bei großer Kälte, in „dünner Luft" und großer Höhe stattfindet, und dies auf steilen Pfaden, Geröll und zuweilen Schnee. Wer körperlich und mental jetzt nicht gut gerüstet ist, kann auf dieser letzten Etappe noch scheitern, und das passiert verhältnismäßig vielen. Die wichtigste Voraussetzung für den Erfolg ist die Höhenanpassung, die am besten gelingt, wenn man sich für den Berg mehr Zeit nimmt, als die drei oder vier Tage, welche für die am häufigsten begangene Marangu-Route, auch Touristen- oder Coca-Cola-Route genannt, vorgesehen sind. Ich hatte mich deshalb für die etwas weitere Machame-Route mit Übernachtungen im Zelt entschieden, die in fünf Tagen auf durchschnittlich 4000 m Höhe das „Basislager" Barafu-Camp erreicht, von wo man dann am 6. Tag zum Kraterrand (Stella Point) aufsteigt und möglichst dann noch weiter zum höchsten Punkt, dem Uhuru-Peak. Sie wird gerne Whisky-Route genannt, weil sie härter als die anderen sein soll, aber auch besonders schön.

Sehr wichtig für den Erfolg ist auch ein passables Wetter. In der Woche vor unserem Aufbruch hatte eine Tourengruppe auf demselben Weg wegen starken Regens und Schneefällen in der Höhe die Tour abbrechen müssen. Unsere Gruppe bestand aus 12 Personen aller Altersstufen, darunter eine Frau und ein 74 Jahre alter Mann mit seinem Sohn. Die Tour begann am späten Vormittag hinter dem streng bewachten Machame-Park-Gate, wo unser einheimischer Führer Dismaz zunächst mit Genehmigungen, Rekrutierung der Träger und Organisation des Transports von Gepäck und Lebensmitteln beschäftigt war. Kilimandscharo-Touren sind genehmigungs- und gebührenpflichtig und laufen in der Regel als „Expeditionstouren“ ab, bei denen der Tourist mit seinem Tagesrucksack munter aufsteigt, während die amtlich vorgeschriebenen Träger das Gepäck, aber auch die Lebensmittel und Zelte bis hin zu Küchenzelt, Stühlen, Klapptischen und sonstigem Zubehör in die Übernachtungs-Camps hinaufschleppen, ein schwerer, bei Einheimischen aber begehrter Job.

Am 1. Tag ging es auf teilweise geebneten Wegen durch hohen, urigen Regenwald, in dessen bemoosten, zottigen Bäumen fremdartige Vögel zu hören und manchmal zu sehen waren. Bei der „Machame Hut“ auf 3000 m Höhe – ein Notquartier und Versorgungspunkt – standen unter Bäumen, die schon weniger hoch gewachsen waren, die von den Trägern aufgebauten Zweimann-Zelte für die Nacht.
Am 2. Tag stiegen wir durch eine abwechslungsreiche und immer wieder von größeren Felsaufbauten durchzogene Heidelandschaft mit zahlreichen exotischen Blumen zum Shira-Camp auf 3850 m, unserem nächsten Nachtquartier. Längere Regenschauer und aufsteigende Nebelschwaden verhüllten zuweilen die Sicht. Am Ziel empfand ich zum ersten Mal eine gewisse Belastung durch die ungewohnte Höhe. Um dem entgegenzuwirken, empfahl Führer Dismaz, sich nicht hinzulegen, sondern weiter auf den Beinen zu bleiben.

Der 3. Tag war besonders anstrengend und brachte Gedanken zu Tage, ob ich mir vielleicht nicht doch zu viel vorgenommen hätte. Der Weg führte in endlosem Auf und Ab von Kamm zu Kamm, dann hinauf zu den riesenhaften Felsaufbauten der Lava-Towers in 4600 m Höhe und wieder steil hinunter zum Barranco-Camp auf 3950 m Höhe. Der geräumige, leicht begrünte Zeltplatz liegt geschützt zwischen dem steil aufragenden Bergmassiv im Norden, einem unübersichtlichen Steilhang im Osten und dem schönen Ausblick in die Tiefebene, von wo in der Nacht die Lichter der Siedlungen heraufblinken.
Am 4. Tag war zuerst der knapp 300 m hohe Steilhang, „Breakfest Wall“ genannt, zu überwinden, wozu man ab und zu die Hände brauchte, um sich irgendwo festzuhalten. Auf dem weiteren Weg zum Karanga-Camp (3900 m) zog ein Gewitter mit heftigem Regen auf, aber Regenzeug und Schirm verhinderten das Schlimmste.
Der 5. Tag führte zu dem als Basislager für den Gipfelanstieg dienenden Barafu-Camp, dem mit 4600 m höchsten Nachtquartier der ganzen Tour, wo wir zeitig eintrafen. Dass hier mehrere Gruppen von Gipfelaspiranten kampieren, erkannte man auch an den jeweils einheitlichen Farben ihrer Zelte: gelb, grün, rot ... unsere waren blau. Am Nachmittag konnten wir ein seltsames Schauspiel beobachten: Tausende kleine Schmetterlinge, cremig-weiß mit lockerer brauner Zeichnung, kamen die Hänge heraufgeflogen und ließen sich auf allem nieder, was da lag und stand. Sie ähnelten unseren Schachbrettfaltern. Was treibt sie herauf? Was machen sie hier? Sind sie auf Hochzeitsflug?
Den Rest des Tages verbrachten wir mit kleinen Erkundungsgängen, Essen und Trinken, Packen, und immer wieder ging der Blick hinauf zur steilen Flanke des Berges, dessen Gipfel verborgen bleibt. Um 17 Uhr 30 ist Nachtruhe empfohlen, um 23 Uhr Wecken und Frühstück, um 24 Uhr treten wir hinaus in die

dunkle kalte Nacht. Einige Stirnlampen durchdringen die Dunkelheit. Ein wenig leuchten die Sterne.
Der entscheidende 6. Tag bricht an. Der lange Aufstieg über 1300 Höhenmeter wird selten durch kleine Pausen zur Stärkung oder für Atemübungen unterbrochen. Gesprochen wird nur das Nötigste. Es wird immer frostiger, gemessen minus 18 Grad. Die Kälte kriecht durch alle Ritzen der Kleidung. Mal steigt man wie in Trance, mal ist gesteigerte Aufmerksamkeit in schwierigem Gelände erforderlich.
Gegen 6 Uhr 30 kommen wir nacheinander am Kraterrand an, dem „Stella-Point" auf ca. 5750 m Höhe. Zehn Minuten später geht an der rechten Flanke des gegenüberliegenden Mawenzi die Sonne auf. Das zuerst zart-rötliche Licht überflutet die dunklen, von Schneefeldern geteilten Hänge. Dann bricht sich die Sonne mit klaren, hellen und wärmenden Strahlen Bahn. Wir haben es geschafft – ich habe es geschafft – wir sind fasziniert von dem Schauspiel und glücklich. Das Erreichen des Stella-Point wird von der Parkverwaltung als Besteigung des Kilimandscharo anerkannt und mit einer entsprechenden Urkunde bescheinigt. Bis zum „Gipfel", dem höchsten Punkt des Kraterrands mit 5895 Metern, fehlen uns noch rund 150 Höhenmeter. Richard und ich und die meisten Bergfreunde wollen natürlich auch noch dort hinauf. Auf mäßig ansteigendem, schneebedecktem Hang und begleitet von der riesigen Eiswand des südlichen Kibogletschers steigen wir weiter und kommen gegen 8 Uhr bei der berühmten Tafel des Uhuru-Peak an. Gratulationen, Umarmungen, Fotos, große Gefühle.
Der Abstieg ist begleitet von Genugtuung und Freude über den Erfolg. Er fordert bei einzelnen Teilnehmern aber auch Opfer; es gibt Stürze wegen Erschöpfung. Im Barafu-Camp werden wir mit einer ordentlichen Mahlzeit gestärkt, packen die zurückgelassenen Sachen und steigen noch zum Mweka-Camp auf 3100 m

ab. Die Bilanz des Tages: 1300 m hinauf und 2800 m hinunter! Alle haben es geschafft!

Mit Richard Ziller auf dem Gipfel des Kilimandscharo, 2007

Der 7. Tag fängt für mich mit einem vielstimmigen „Happy Birthday"-Ständchen im Frühstückszelt und mit persönlichen Glückwünschen an. Dann folgt der Abstieg durch die verschiedenen Vegetationszonen zum Mweka-Gate, wo wir den Nationalpark verlassen und mit dem Bus zu unserer Lodge zurückgebracht werden. Hier wird der Gipfelerfolg ausgiebig gefeiert –

und natürlich auch mein 70. Geburtstag mit einer Einladung zu einem gebührenden Umtrunk.
Nach Deutschland zurückgekehrt, habe ich meinen anderen Gratulanten mit einigen Versen gedankt, von denen einer lautete:

Dünn war die Luft und steil der Berg,
Der Mensch ist klein dort wie ein Zwerg,
Doch auf dem Dach von Afrika
Fühlt man sich einfach wunderbar
Und blickt fast bis nach Sansibar.

Post scriptum: Meine Tochter Gabriele ist im Januar 2016 mit ihrer Freundin Patricia Hauser über die weiter im Westen beginnende Lemosho-Route auf den Kilimandscharo gestiegen. Im Mai 2018 bewältigte sie erfolgreich die Umrundung des Alpamayo in Peru. Mit Bravour hat sie nachgeholt, was ihrer kleinen Schwester Cornelia versagt geblieben ist. Ich bin stolz auf sie.

2. Woher diese „Berglust"?

Wann und wie aber ist sie entstanden, die Sehnsucht nach den Bergen und die Lust hinaufzusteigen? Auf diese Frage habe ich oft geantwortet, das liege wohl an ererbten Genen von schweizerischen und österreichischen Vorfahren, die über meine ostpreußische Mutter Emma Geginat (1903-2002) auf mich gekommen seien. Tatsächlich finden sich unter ihnen schweizer Auswanderer aus dem Toggenburg und anderswo und protestantische Glaubensflüchtlinge aus dem Salzburgischen, die der König von Preußen in der 1. Hälfte des 18. Jahrhunderts aufgenommen und in Ostpreußen angesiedelt hat. Eher waren es allerdings die wiederholten Ferienaufenthalte im Haus meines Patenonkels Hans Petersen oberhalb von Immenstadt, die mich zunehmend für die geheimnisvolle Welt der Berge eingenommen haben. So stieg ich schon 1951 mit meinem besten Schulfreund Michael Fernholz auf den Mittag und auf den Grünten und merkte mir die Namen der im Abendlicht leuchtenden Bergspitzen jenseits des Illertals: Gaishorn, Rauhorn, Kugelhorn...

Auf ziemlich langen Skiern aus Eschenholz – ein erfüllter Weihnachtswunsch – brachte ich mir am Neckardamm in Mannheim und mit Freunden im nahen Odenwald selbst Grundkenntnisse des Skifahrens bei. So machte es mir im März 1954 auch keine große Mühe, bei einem Schullandheimaufenthalt am Schauinsland im Schwarzwald mit unserem wenig älteren Lehrer Karl-Friedrich Roth und einigen Klassenkameraden – auf Normalskiern mit Seehundsfellen – über den Notschreipass und die Todtnauer Hütte bis zum Feldbergerhof und wieder zurück zum Schauinsland zu laufen. In Erinnerung daran treffen sich einige Teilnehmer von damals noch heute jährlich im Februar an der Skistation Notschrei zum Langlaufen.
Skitouren habe ich von Anfang an dem Bergsteigen im Sommer vorgezogen nach dem Motto: „Berge, auf die ich mit Skiern steigen kann, gehe ich nicht zu Fuß hinauf, schon wegen der Abfahrt!“ Als Schüler und als Student bin ich dann oft mit Jugend- oder Studentengruppen der Evangelischen Kirche oder mit Freunden auf Tour gewesen: in Balderschwang (1954/55), auf der Reiteralpe (1956), in Dienten am Hochkönig (1958), am Rastkogel im Zillertal (1959) und im Südtiroler Martelltal (1960). Hier stiegen wir – meine jüngere Schwester Irmgard war auch dabei – von der Enzianhütte, die heute ein richtiges Hotel ist, zur Casatihütte auf, von wo wir am nächsten Tag ohne

Schwierigkeiten den 3769 m hohen und gut eingeschneiten Cevedale besteigen konnten. Als ich damals voller Respekt die gegenüber steil aufragende Königspitze und den eisgepanzerten Ortler sah, hätte ich nicht geglaubt, später selbst einmal auf diesen Bergriesen zu stehen.

In meinem zivilen Leben trat dann wirklich ein, was man schon bei kleineren Wegmarken den Ernst des Lebens nennt: Erstes juristisches Staatsexamen, Gerichtsreferendariat, Heirat, Gründung eines eigenen Hausstandes, also Pause. Aber nach einigen Jahren alpiner Abstinenz wollte ich nun endlich wieder einmal eine richtige Skitour machen, zum Beispiel die schon damals in der Bergliteratur gerühmte Ötztaldurchquerung: von Obergurgl zum Hochwildehaus und von dort über Gletscher, Berge und Hütten bis zur Braunschweiger Hütte mit der Gelegenheit, auch auf die Wildspitze zu steigen. Mit meinem Vetter Hartmut Christ, Mediziner und Sportsmann, war die Tour für Anfang April 1964 verabredet worden. Wir hatten uns mit Freunden auch schon in der Gegend von Sölden eingelaufen, da sah sich Hartmut durch eine plötzlich auftretende Augenentzündung zur Aufgabe gezwungen. Sollte das schon das Ende der schönen Pläne sein? In der Hoffnung, unterwegs doch Leute zu treffen, mit denen ich wenigstens einen Teil der Tour verwirklichen könnte, zog ich alleine los, über die Schönwieshütte und die Langtalereck-Hütte hinunter zum verschneiten Gletschermaul des Gurgler Ferners. Nach dessen Überwindung erreichte ich auf alten Spuren über den ausgedehnten Gletscher wohlbehalten das Hochwildehaus. Dort traf ich einen gleichgesinnten jungen Rechtsstudenten namens Swoboda aus Wien, mit dem ich in den nächsten zwei Tagen auf die Falschungspitze und auf den Nordgipfel der Hochwilde (3482 m) stieg, herrliche Touren mit einer Kletterei dazu. Es war allerdings ein Fehler, meine nach heutigen Maßstäben viel zu langen Kneissl-Ski bis zum felsigen Gipfelaufbau der Hochwilde hinaufzutragen. Bei der Abfahrt über den sehr steilen Gipfelhang stürzte ich, überschlug mich und brach mir einen Fuß. Mit Hilfe meines Begleiters und anderer Bergsteiger gelangte ich mühsam zur Hütte zurück, und am nächsten Tag flog mich der Gletscherpilot Neumair von der Tiroler Flugrettung mit seiner Piper ins Krankenhaus nach Innsbruck. Durch den Bruch eines inneren Knochens war der Fuß so dick geschwollen, dass er erst in Mannheim behandelt und eingegipst werden konnte. Die Aufregung zuhause war beträchtlich, aber meine Frau Hannelore, die schwanger war, hielt tapfer zu mir und half mir, im doppelten Sinn wieder auf die Beine zu kommen.

Mit Rolf Löffelhardt auf dem Jubiläumsgrat (Zugspitze-Alpspitze), 1995

In der nächsten Zeit hatten die Geburten unserer Töchter Gabriele (1964) und Cornelia (1966), das Zweite Staatsexamen (1965) und der Berufseinstieg an den Landratsämtern Öhringen und Heidelberg Priorität. Aber im Jahr 1967 wollte ich es im

Ötztal noch einmal wissen. Mit Dr. Helmut Kirner, Chemiker bei der BASF, seiner Frau Ilse mit Töchterlein und diesmal mit Hannelore und der kleinen Gabriele wurde für Mitte März ein gemeinsamer Winterurlaub in Vent mit dem Plan verabredet, mit Helmut die Ötztalrunde fortzusetzen. Die Tour verlief nicht viel besser als die von 1964, endete aber wenigstens mit der Besteigung von zwei schönen Gipfeln und ohne Bruch! Nachdem wir zuerst auf der Martin-Busch-Hütte eingeschneit wurden, stiegen wir am übernächsten Tag bei großer Kälte in Richtung Similaun auf. Nach der Hälfte des Wegs fühlte mein Begleiter Erfrierungen im Gesicht und kehrte um. Wieder stand ich vor dem Problem: Abbruch oder weiter? Da auch noch andere Bergsteiger unterwegs waren und die wärmenden Sonnenstrahlen mir zunehmend Mut machten, entschloss ich mich, jedenfalls noch auf den Similaun (3606 m) hinaufzusteigen, was auch ohne Probleme gelang. Der Wunschgedanke, mich anderen Tourengehern mit ähnlichen Plänen anschließen zu dürfen, erfüllte sich bald. Mit einer Gruppe von vier Leuten konnte ich die Tour zum Hauslabjoch und auf die gratige Finailspitze (3518 m) fortsetzen, von wo wir zum Hochjochhospiz abfuhren. Von dort kamen wir am nächsten Tag über die Guslarspitzen zur Vernagthütte, die wiederum bald eingeschneit wurde. Während meine neuen Freunde hier auf besseres Wetter und ihre Chance für die Wildspitze warten wollten, zog es mich nun intensiv zurück zu Frau und Kind im Tal, schon um berechtigten Sorgen Hannelores über meinen Verbleib schnell ein Ende zu machen. So suchte ich mir am nächsten Tag im Alleingang durch dichtes Schneetreiben und von kaum mehr sichtbaren Markierungsstangen geleitet den Weg hinunter. Mit etwas Glück fand ich auch den steilen Hang hinab zur Rofenache und gelangte schließlich über die luftige Hängebrücke bei den Rofenhöfen wieder nach Vent, wo ich mit großer Freude und Erleichterung empfangen wurde.

3. Noch 50 Jahre Berge, Berge...

In den nächsten fünf Jahrzehnten war ich überwiegend im Winter, später aber auch im Sommer fast jedes Jahr in den Alpen unterwegs, habe mir aber leider erst spät Notizen darüber gemacht. Damit und mit alten Fotos konnte ich aber doch die größeren Unternehmungen rekonstruieren:
Am häufigsten war ich sicher mit der Skitourengruppe meiner Sektion Hohenstaufen-Göppingen, angeführt von Tourenführer Ernst Schuster aus Geislingen, in vielen Gebieten der Ostalpen auf Tour. Dabei gelangen uns so berühmte Berge wie der Adamello (1977), die Königspitze (1978), der Gran Paradiso und der Großvenediger (1979). Damalige Versuche, auch auf den Mont Blanc oder die Dufourspitze (Monte Rosa) hinaufzukommen, sind am Wetter gescheitert, und wir hatten keine Zeit, auf besseres zu warten.

Auf dem Gipfel der Bernina mit Klaus und Frank Döpper, 1994, rechts der Piz Palü

In der Spätzeit meiner Winteraktivitäten habe ich seit 2009 die Tourenwochen von und mit Paul Nigg, dem „Seniorchef“ der Schweizer Bergführer aus Pontresina (Jg. 1933), sehr genossen. Mit ihm und wechselnden Seniorengruppen bin ich – meistens zusammen mit Wilfried Bauer aus Dürnau – jedes Jahr in der Schweiz oder in Südtirol unterwegs gewesen, wobei in der Liste der erreichten Berggipfel so schöne Namen wie Wildstrubel, Wildhorn, Les Diablerets, Sesvenna und noch einmal der Adamello auftauchen.

Auf dem Großvenediger 2016, von links: Jürgen Christ, Armin Brendel, Engelbert Stark, Willi Stiewing

Als besonders schöne Folge großer Bergfahrten sind hier auch die alpinen Sommertouren zu nennen, die mit meinen „Telekom-Bergfreunden“ (weil sie alle früher bei der Telekom beschäftigt waren) Armin Brendel aus Göppingen, Engelbert Stark aus Illerkirchberg und Willi Stiewing aus Kempten Jahr für Jahr gelungen sind. Angefangen hatte es 2011 mit der Alpenüberquerung auf dem „E 5“, aber by fair means (also ohne Bustransfers) und über den langgestreckten Kaunergrat. Fortgesetzt wurde die Serie mit der Lechquellenrunde 2012 und mit den eleganten Klettersteigen in der Brenta (2013). Weitere Höhepunkte waren die Klettersteige in den Sextener Dolomiten (2014), der Großvenediger (2016), die Durchquerung des Stubai (2017) mit Besuch auf dem „Wolkenschloss“ (Becherhaus) und schließlich der Rosengarten von König Laurin auf steilen Pfaden und Klettersteigen (2019).

Nicht vergessen will ich auch die schönen Skitouren mit der „Gruppe Hofsäß“, geführt von dem in Göppingen aufgewachsenen Gerhard Hofsäß, Professor an der Pädagogischen Hochschule Heidelberg, die mich zum Beispiel im Jahr 2001 auf die Gipfel der La Varella und des felsigen Zehner im Südtiroler Fanesgebiet und 2006 zum 2. Mal auf den Gran Paradiso geführt haben.

Außer diesen Gruppentouren sind mit besonders vertrauten und erfahrenen Bergfreunden immer wieder schwierige Einzelunternehmungen gelungen. Dazu gehörten:
1986 die klassische Ski-Haute-Route von Argentiere nach Saas Fée mit Dr. Hermann Cless, Helmut Kortus, Rolf Löffelhardt und Richard Ziller, bei der auch die Besteigung der Dufourspitze gelang,
1987 das Finsteraarhorn auf Skiern mit Hermann Cless und Peter Stickforth
und im Sommer die Watzmann-Ostwand mit dem Bergführer Franz Rasp,
1990 der Mont Blanc auf Skiern über die Grand-Mulet-Hütte mit Willi Moll aus Hattenhofen und Arthur Stock aus Dürnau,

1992 die Dôme de Neige und die Winterdurchquerung der Dauphiné mit Faust und Barbara Mühlich, Lissy Schöllkopf und Richard Ziller,
und als Sommertouren:
1993 Piz Bernina über den Biancograt, wiederum mit Faust und Barbara Mühlich sowie Bernd Gienger und Heidrun Hill,
1994 Piz Palü, Bella Vista, Piz Argient, Piz Bernina mit Klaus und Frank Döpper und dessen Verlobte Christiane,
1995 der Jubiläumsgrat mit Rolf Löffelhardt,
2000 der Ortler über den Hintergrat mit Klaus und Frank Döpper und Daniela Braig,
2001 die Trettachspitze, Klettertour und Überschreitung mit Klaus Döpper,
2004 der Groß-Glockner über den Stüdlgrat mit Günter Schmid und Helmut und Lissy Schöllkopf.

Skitouren mit Paul Nigg (links) im Ortlergebiet 2015 – Königsspitze, Zebru und Ortler von der Eisseespitze aus

Bevor ich der Versuchung nachgebe, noch von manchen anderen Bergfahrten zu erzählen, sollen auch einige Unfälle dieser Jahrzehnte nicht verschwiegen werden:
Im Gebiet der Veneziaspitzen (Martelltal/Südtirol) brach sich während der Skifreizeit 1960 im oberen Martelltal eine Teilnehmerin ein Bein. Mithilfe einer damals verbreiteten Verschraubung beider Skier brachte man sie – angebunden auf denselben – zur Enzianhütte zurück, von wo sie ins Krankenhaus gebracht wurde.
Bei einer Skitour der Klettergruppe unserer Sektion 1985 riss ein Schneebrett meinen Freund Faust Mühlich auf dem Grat zwischen Flüela-Schwarzhorn und dem Dischmatal den steilen Südwesthang hinunter. Er konnte sich glücklicherweise unverletzt befreien; wegen des vereisten Steilgeländes konnten wir ihn aber am gleichen Tag nicht mehr bergen. Am nächsten Morgen lehnte es die Rettungsstation Davos wegen heftiger Schneefälle ab, einen Hubschrauber aufsteigen zu lassen, sodass sich eine Gruppe von Bergrettern, denen ich den Weg zur Unfallstelle zeigte, vom Flüela-Pass aus mit Skiern auf den Weg machte. Gegen Mittag haben wir Faust gefunden, und mit einer Seilwinde zogen ihn die Retter aus der Absturzstelle. Mit seiner Biwak-Notausrüstung, die er auf Touren immer mitnahm, hatte er die kalte Nacht gut überstanden.
Bei der Abfahrt vom Finsteraarhorn 1987 konnte mein Freund Peter Stickforth noch oberhalb des Frühstücksplatzes nicht rechtzeitig vor einer wenig breiten Querspalte anhalten und rutschte hinein. Weil er sich mit den Skiern und dem Rucksack im oberen Teil der Spalte verhakt hatte, konnten wir, Hermann Cless und ich, ihn bald wieder herausziehen.
Bei dem alten Walserdorf Megderen oberhalb von Langwies (Graubünden) nahm 2010, ähnlich wie bei der Lawine am Schwarzhorn, eine abbrechende große Schneescholle unseren Tourenführer Johann Morawetz, der den Hang zwecks Abfahrt

inspizieren wollte, mit in die Tiefe. Obwohl wir ihn relativ schnell gefunden und ausgegraben und Wiederbelebungsmaßnahmen vorgenommen haben, konnte der mit dem Rettungshubschrauber gebrachte Notarzt nur noch seinen Tod feststellen. Zur Erinnerung an Johann und das tragische Unglück haben seine Bergfreunde aus der Sektion am Unglücksort eine Gedenktafel angebracht.

Es ist wahr, dass unsere geliebten Berge immer auch besondere Risiken bereithalten. Sie richtig einzuschätzen und verantwortungsvoll damit umzugehen, ist und bleibt eine der wichtigsten Aufgaben jedes Bergsteigers.

Nach dieser reichen Ernte an Bergerlebnissen und -touren in insgesamt über 60 Jahren fehlte mir eigentlich nur noch eins: ein „Höflichkeitsbesuch" bei den höchsten Bergen der Welt, den Achttausendern des Himalaya.

Im November 2018 habe ich deshalb – ohne alpinistische Ambitionen aber mit großer Neugier – eine vom DAV-Summitclub vorbereitete Trekkingreise in die Region des Kali-Gandaki-Tales und in das frühere Königreich Mustang in Nepal unternommen. Über diesem tiefsten Tal der Erde sah ich sie nun selbst aufragen, den schroffen Dhaulagiri bei der Ortschaft Larjung, die vier Gipfel des Annapurna hinter der mächtigen Mauer des Nilgiri und in der Ferne den großen Manaslu mit seinen wilden Gesellen. Wir kamen mit einem kleinen Flieger in das kalte Tal nach Jomsom und Kagbeni, besichtigten auf weiten Wanderungen uralte Ortschaften und Klöster und durften an einem dreitägigen Fest des buddhistischen Klosters von Marpha teilnehmen. Wir erreichten auch den riesigen schwarzen Buddha und die heiligen Quellen des Wallfahrtsorts Muktinath auf 3800 m Höhe und blickten zum nahen Thorong-La-Pass hinüber, dem höchsten Punkt der berühmten Annapurna-Runde. Auch die quirlige Hauptstadt Kathmandu und die frühere Hippiehochburg Pokhara am Phewasee haben wir gesehen und uns von ei-

Maskentanz der Mönche im buddhistischen Kloster Marpha/Nepal, 2018

nem Stadtführer die schönste der drei Königsstädte, Bhaktapur, zeigen lassen. Das große Erdbeben von 2015 hatte der Stadt tiefe, noch deutlich sichtbare Wunden beigebracht und manches Baudenkmal einstürzen lassen. Mit Unterstützung zahlreicher Länder, darunter auch Deutschlands, bemüht man sich sehr um den Wiederaufbau und die Rekonstruktion wichtiger Kultbauten.

Der Spruch „Neapel sehen und sterben“ beschrieb im 19. Jahrhundert die unstillbare Sehnsucht romantischer Italienreisender nach dem Süden. Nepal sehen und den Freunden zu Hause von dem armen, reichen, frommen und schönen Land der Achttausender und seinen Bewohnern erzählen, hielt ich für das bessere Ende dieser Reise. Der Lichtbildervortrag mit dem Titel „Berge, Buddhas, Bhaktapur“ hat meinen Freunden gut gefallen, aber ich glaube, nur wenige hätten an den Touren wirklich teilnehmen wollen.

IX. Zweimal Großglockner

1. Skitour mit der Gruppe Hofsäß

Er stand schon immer auf meiner Wunschliste, der mächtige Großglockner, mit seinen 3798 Metern der höchste Berg Österreichs. Weil ich in den ersten Jahrzehnten meiner „Bergabenteuer" aber regelmäßig dem selbst gewählten Grundsatz gefolgt war, hohe Berge nur mit den Skiern zu besteigen, um zur Vermeidung mühsamer Abstiege von ihren Gipfeln auch wieder hinunterfahren zu können, rückte die Felspyramide des Glockner doch immer wieder als wenig geeignet in den Hintergrund. Ganz oben ist er ja wirklich kein Skiberg!
Da kam im Winter 2003/4 der Plan der „Gruppe Hofsäß" gerade recht, zum Abschluss einer Skitourenwoche in der Schobergruppe noch auf den Großglockner zu steigen, und das sogar mit den Tourenskiern, soweit das Gelände es zulassen würde. Ich hatte mit den Brüdern Gerhard und Walter Hofsäß, die aus Göppingen stammten, und ihren Freunden schon ein paar schöne Skiausfahrten gemacht und entschloss mich daher mit Freuden, an der vom 8. bis 14. April 2004 geplanten Tourenwoche teilzunehmen.
In der nordwestlichen Schobergruppe hatten wir ein schönes Quartier auf der privat geführten Lesachalm und stiegen am ersten Tag dem „Bösen Weibl" auf den Kopf. Erfolgreich war dann auch die Tour zum „Kalser Törl", und am dritten Tag, der dem Hochschober zugedacht war, kamen wir wegen des einsetzenden Schneefalls und Sturms nur bis zur „Oberen Scharte". Wir fuhren ab und kamen auf vereistem Weg ins Tal. Nach langer Diskussion über die zweifelhaften Wetteraussichten einigten wir uns darauf, die Tourenwoche nicht jetzt schon zu beenden, sondern über das Lucknerhaus bei Kals zur Stüdlhütte aufzusteigen. Am nächsten Tag werde man weitersehen. Die Prognosen

wurden am Abend auf der Hütte auch nicht besser, aber wir blieben bei unserer Linie, am nächsten Tag die Winterbesteigung des Großglockners zu versuchen.
Start also bei bedecktem Himmel am frühen Morgen des 13. April 2004. Nach dem Durchstieg einer etwas verdeckten Passage durch den steilen Felsriegel nordöstlich der Hütte erreichen wir das breit hingestreckte Ködnitzkees. In drei Seilschaften überqueren wir den Gletscher, zuletzt immer stärker ansteigend, bis zum Fuß der langgezogenen Felsbarriere, die sich zur sogenannten Adlersruhe hinaufzieht. Wir richten das Skidepot ein und klettern über einen teils seilversicherten Steig hinauf zur berühmten Erzherzog-Johann-Hütte auf 3454 m Höhe.
Gerhard kommt heute nur langsam voran, sodass unsere Seilschaft (Gerhard Hofsäß, Wilfried Kramer und ich) als letzte auf der Hütte eintrifft. Mittlerweile ist verstärkt ein kalter Wind und anhaltendes Schneegestöber aufgekommen. Unser Berg ist schon einige Zeit in den Wolken verschwunden, und im Nebel scheint sich unser Weiterweg im Ungewissen zu verlieren. Im Winterraum der nur in der Sommersaison bewirtschafteten Hütte können wir uns stärken und vor Schnee und Kälte schützen. Der Gipfel des Großglockners ist jetzt wirklich nahe, und bei ordentlichen Verhältnissen könnte man in vielleicht eineinhalb Stunden droben sein. Aber wie lange würden wir, und besonders unsere Seilschaft, bei diesen Verhältnissen und mit der oft notwendigen Kameradensicherung brauchen? Aus den Beratungen über den Fortgang unserer Tour merke ich, dass die Bergfreunde es trotz der prekären Wetter- und Sichtverhältnisse versuchen wollen, auch wenn der schwierigste Teil des Aufstiegs, das steile Glocknerleitl, die Kletterei in vereistem und verschneiten Fels über den Kleinglockner, die Überquerung der schmalen Glocknerscharte und der Aufstieg auf den Gipfel, noch bevorsteht.

Ich habe eine andere Vorstellung von der Besteigung dieses großartigen Berges. Deshalb teile ich den Kameraden – es ist inzwischen 12 Uhr 30 – mit, dass ich die Tour wegen des schlechten Wetters und nicht ausreichender Sicht hier abbrechen möchte. Ohne es zu sagen, halte ich auch unsere Seilschaft für zu langsam, um in angemessener Zeit den nun schwierigeren Aufstieg zu bewältigen und rechtzeitig zur Hütte zurückzukehren. Keiner versucht, mich zum Weitergehen zu bewegen, und es leugnet auch keiner, dass sich die Wetterverhältnisse wesentlich verschlechtert haben. Es will aber auch niemand meiner Entscheidung folgen, auf den finalen Aufstieg zum Glocknergipfel zu verzichten. Ausschlaggebend ist wohl, dass Tourenführer Gerhard am Ziel der Gipfelbesteigung festhält und die Gruppenmitglieder ihm in dieser Situation die Gefolgschaft nicht verweigern wollen. So bleibt es dabei: Die Bergkameraden brechen nacheinander in Richtung Gipfel auf und sind schon nach wenigen Minuten im diesigen Grau verschwunden. Abwartend, ob sich vielleicht doch noch jemand anders entscheiden würde, blieb ich einige Zeit in der Hütte. Dann legte ich einen Zettel mit der Nachricht meines Abstiegs auf den Tisch und kletterte zum Skidepot ab. Bei der Abfahrt über den Gletscher hielt ich mich zur Vermeidung etwaiger Gletscherspalten in der Nähe unserer Aufstiegsspur und traf gegen 15 Uhr wohlbehalten auf der Stüdlhütte ein – überzeugt davon, die richtige Entscheidung getroffen zu haben. Ich verbrachte einen erholsamen aber auch nachdenklichen Nachmittag in der Hütte und wartete gespannt auf die Rückkehr der Kameraden.
Gegen 19 Uhr tauchten plötzlich die ersten vier Bergfreunde in der Hütte auf, Conny, Uwe, Hubert und Gabi, und berichteten von dem erfolgreichen Gipfelanstieg aller Teilnehmer. Ihre Seilschaft sei zur Erzherzog-Johann-Hütte zurückgekehrt, dann zügig abgestiegen und nun zur Stüdlhütte abgefahren. Wann die noch fehlende Seilschaft, bestehend aus Gerhard und Walter

Hofsäß, Peter Mühlig und Wilfried Kramer, herunterkomme? Sie wussten es nicht.
Um 19 Uhr 30 meldete sich Wilfried per Handy aus der Erzherzog-Johann-Hütte und fragte, ob ihre Seilschaft trotz Dunkelheit noch versuchen solle abzufahren. Der Hüttenwirt empfahl dies dringend. Weitere Nachrichten blieben aus. Wir warteten und warteten... Sind sie abgestiegen? Oder doch oben geblieben?
Gegen 21 Uhr 30 wurden entfernte Hilferufe aus dem Felsriegel oberhalb der Hütte gehört. Es war, wie sich später herausstellte, Wilfried, der um Hilfe rief, weil seine Gruppe auf dem weitläufigen Gletscher die Orientierung verloren hatte und nicht mehr weiterkam. Er selbst hatte sich bis an den Rand des langgestreckten Felsaufbaus zwischen Gletscher und Hütte herangearbeitet, konnte aber in der Dunkelheit die Passage hinunter nicht finden. So blieb ihm nur, um Hilfe zu rufen und zu hoffen, dass irgendjemand von der Hütte ihn hören würde. Zum Glück trog diese Hoffnung nicht.
In großer Eile brachen der Hüttenwirt und ein noch anwesender Bergführer sowie Conny, Hubert und ich mit Lampen und einigem Gerät auf, um die Verirrten zu suchen und zu bergen. Zuerst trafen wir Wilfried unversehrt oberhalb der Felsbarriere. Er wies uns den Weg zu den Kameraden, die sich in einiger Entfernung auf dem Gletscher niedergelassen hatten und nun auf Hilfe warteten. Mit gutem Zuspruch und professioneller Betreuung kamen alle vier sicher vom Eis, durch die Felsen hinunter und rechtzeitig in die warme Hütte. Wir waren froh, dass ein Tag voller Gefahren glimpflich zu Ende gegangen war. Später und im Nachhinein räumte mancher Beteiligte ein, dass es keine gute Idee war, bei diesen Verhältnissen unbedingt noch auf den Glocknergipfel steigen zu wollen.

2. Klettertour mit Sektionsfreunden

Aus meiner Sicht war diese Skihochtour missraten und hätte böse enden können. Ihr Verlauf und mein Ausstieg auf der Adlersruhe motivierten mich nun umso mehr, einen zweiten Anlauf zu nehmen, und zwar möglichst bald und vielleicht als Klettertour über den berühmten Stüdlgrat. Dabei erinnerte ich mich an die „sagenhafte" Kletterpartie über diesen Grat auf den Großglockner, welche mein Freund und Co-Vorsitzender der Sektion, Faust Mühlich, und seine Frau Barbara dem Ehrenvorsitzenden der Sektion Rolf Steinmayer zu dessen 70. Geburtstag (im Jahr 1990) geschenkt hatten. In drei Seilschaften, Faust mit Rolf, Barbara mit Hermann Cless und Hans Neugebauer mit Josef Walser, kletterten sie den Stüdlgrat hinauf, kamen aber – wohl durch besonders sorgfältiges Sichern – zeitlich so in Verzug, dass sie beim Abstieg am Nachmittag von einem schweren Gewitter erfasst wurden. Sie kamen durchnässt, aber unversehrt hinunter. Aber darüber, was alles hätte passieren können, hat man noch lange erzählen hören.
Ich wollte es natürlich besser machen und nahm mit meinem Göppinger Bergfreund Günter Schmid, damals Hüttenreferent des Haldenseehauses unserer Sektion, Kontakt auf. Ihm gefiel die Idee, und so war bald nur noch zu klären, wann fahren wir, und wen laden wir noch dazu ein? Lizzy und Helmut Schöllkopf, Tourenfreunde seit vielen Jahren, zeigten Interesse, und so starteten wir bereits am 28. Juli bei guten Wetteraussichten, erreichten in der Mittagszeit das Lucknerhaus und trafen um 16 Uhr auf der mir schon vertrauten Stüdlhütte ein. Um 6 Uhr am nächsten Morgen waren wir wieder auf den Beinen und konnten den ungefährlichen Gletscher bis zum Einstieg ohne Seilsicherung überqueren. Nach den notwendigen technischen Vorkehrungen begannen wir alsbald, den markanten und direkt auf den Gipfel führenden Grat hinaufzusteigen. Der Kletterklassiker

wird in älteren Beschreibungen mit den Schwierigkeitsgraden II und III eingestuft. Hüttenwirt Oberlohr hatte uns allerdings auch auf eine Schlüsselstelle im oberen Teil mit dem Grad IV minus hingewiesen. Wir kamen gut voran und bildeten zwei Seilschaften, als die Schwierigkeiten zunahmen. Dort fanden wir stabile Ringhaken und einmal auch eine Kletterhilfe in Form eines besonders dicken Seilstücks. Gegen 12 Uhr standen wir gemeinsam am Gipfelkreuz. Die Sonne lachte, die Sicht rundum konnte nicht schöner sein, und wir waren froh und glücklich. Auch die Zahl anderer „Gipfelstürmer" hielt sich in Grenzen, sodass wir unseren Aufenthalt auf „Top of Austria" ganz ungestört genießen konnten.

Im Abstieg seilten wir uns zweimal ab: Vom Glocknergipfel zur Scharte und über eine unwegsame Partie zwischen Kleinglockner und dem sogenannten Glocknerleitl, dem steilen Schneefeld unterhalb des Felsaufbaus. Nach erholsamer Rast und warmer Suppe auf der Erzherzog-Johann-Hütte stiegen wir hochzufrieden den gleichen Weg über Fels und Gletscher, der dreieinhalb Monate vorher zur Falle für vier Freunde der Glockner-Skitour geworden war, hinunter zur Stüdlhütte. In der Früh' des folgenden Tages statteten wir noch dem Hausberg der Hütte, der Fanotspitze, einen Besuch ab und verabschiedeten uns dann endgültig von diesem majestätischen Berg. Man wünscht sich, ihn wiederzusehen und vielleicht sogar noch einmal ein Stück hinaufzusteigen.

X. Naturschutz auf Abwegen – der Streit um die Kletterfelsen

Während meiner ehrenamtlichen Tätigkeit für den Deutschen Alpenverein (Sektion Hohenstaufen Göppingen 1985-1997 und DAV-Landesverband 1995-2006) haben mich zwei Problemkreise besonders beschäftigt:

- Die Sicherung der Fachkompetenz des Deutschen Alpenvereins für das Klettern als Sport samt Beitritt von Landesverband und Sektionen in die Sportverbände und
- der Konflikt zwischen Kletterern und Naturschützern um die Felsen in Baden-Württemberg.

Fundamentalismus und Rechthaberei auf beiden Seiten haben zu langanhaltenden Streitigkeiten, Prozessen und sogar einer Petition an den Landtag geführt, und die Behörden waren im Streit der Interessen häufig überfordert. Eigentlich hatte ich diesen Konflikt nur „geerbt", als ich im Mai 1995 zum Vorsitzenden des Landesverbandes Baden-Württemberg des Alpenvereins gewählt und damit verantwortlicher Akteur geworden war. Aber auch schon als Sektionschef in Göppingen, in dessen Umgebung es attraktive Kletterfelsen gibt, war ich mit der Materie befasst gewesen und hatte den Landesverband in Sachen Biotopschutzgesetz juristisch beraten.
Meine eigenen alpinsportlichen Interessen hatten sich in früheren Jahren keineswegs auf das Klettern gerichtet, sondern auf Skitouren in allen Höhenlagen. Erst als Verantwortlicher für die Sektion Hohenstaufen absolvierte ich Kurse für Klettern und für Hochtouren, um mitreden und auch teilnehmen zu können. Ob aber beim Wandern, Klettern oder Bergsteigen – immer hat mir die Auseinandersetzung mit der Natur den Respekt vor ihr und die Überzeugung vermittelt, dass der rücksichtsvolle Umgang mit all ihren Erscheinungen und ihr Schutz ein elementarer Teil des Bergsteigens sein müssen.

In den Bergen empfand ich mich intensiv als aktiver und zugleich verletzlicher und abhängiger Teil der Natur. Sie zu schützen und zu erhalten, war und ist – so gesehen – eine Art Selbstschutz.

Panorama Naturpark Oberes Donautal

Auch der vor nunmehr 150 Jahren gegründete Deutsche Alpenverein hatte sich von Anfang an dem Schutz der Bergnatur in den Alpen gewidmet und viele konkrete und erfolgreiche Schutzmaßnahmen für besondere Gebiete und Pflanzen angestoßen. Diese Aufgabenstellung hat der Verein auf die deutschen Mittelgebirge übertragen und seine in ganz Deutschland verteilten 356 Sektionen entsprechend in die Pflicht genommen. Er wurde deshalb schon ausgangs des 20. Jahrhunderts auf Bundesebene und in Bayern und vor einigen Jahren endlich auch in Baden-Württemberg offiziell als Naturschutzverband anerkannt. Es war deshalb umso bedauerlicher, dass bei der Umsetzung des neuen baden-württembergischen Biotopschutzgesetzes von 1991 die Kompetenz und der Einsatz des Alpenvereins und seiner Kletterer und Naturschützer für eine angemessene Konfliktlösung kaum genutzt und in vielen Fällen sogar ausdrücklich zurückgewiesen wurden.
Im folgenden Rückblick muss ich wegen der langen Dauer des Streits etwas weiter ausholen. Trotzdem können natürlich nur dessen wichtigste Stationen beleuchtet werden. Ein Schwerpunkt ist dabei das Obere Donautal, dessen Kletterregelung von 1994 Ausgangspunkt für die Petition des Alpenvereins war.

1. Die Ausgangslage

Seit den 60er Jahren des letzten Jahrhunderts entwickelte sich der Klettersport an den Felsbildungen außerhalb der Alpen durch bemerkenswerte Leistungssteigerungen und das sogenannte Freiklettern gewissermaßen zu einer eigenen Disziplin. Damit wuchs auch der Bedarf an Kletterfelsen und -routen und die Lust aktiver Kletterer, immer neue Kletterwege zu erschließen und auch alte Routen neu zu erproben und „nachzuerschließen", wie man das damals nannte. Viele Schutzmaßnahmen für die in den Felsen lebenden Vögel sind von einsichtigen Kletterern und verständnisvollen Naturschützern schon früh einvernehmlich durchgeführt worden. Aber es ist auch nicht zu bestreiten, dass nach dem Zweiten Weltkrieg die Zunahme des Kletterns (neben Pestiziden/DDT, Aushorstungen, Vergiftungen durch Taubenzüchter u.a.) mitverantwortlich für den Rückgang der Falkenpopulation im Lande war. Folgerichtig kam die expandierende Kletterszene auch zuerst mit den Freunden der bedrohten Wanderfalken übers Kreuz. Der 1965 von Dieter Rockenbauch, Geislingen, mit seinen Freunden gegründeten Arbeitsgemeinschaft Wanderfalkenschutz (AGW) kommt dabei das große Verdienst zu, das Überleben der in ihrer Existenz bedrohten Wanderfalkenpopulation in Baden-Württemberg gesichert zu haben. Die Auseinandersetzung litt jedoch von vornherein an moralischer Überheblichkeit der Vogelschützer, wie sie in dem Satz Rockenbauchs in seinem Standardwerk von 1998 über die Wanderfalken zum Ausdruck kommt: „Kompromisse sind nötig, denn wir leben nicht im menschenleeren Kanada. Sie sind auch in Baden-Württemberg ... teils und tragbar verwirklicht. Man sollte aber nicht vergessen, dass es nie um Kompromisse zwischen gleichberechtigten Interessentengruppen geht. Es sind zwangsläufig immer Kompromisse auf Kosten und zu Lasten der Natur!" (Dieter Rockenbauch: „Der Wanderfalke in Deutschland und...", Band 1, Hölzinger Verlag, Ludwigsburg 1998, S. 331). Diese Herabsetzung der Erwartungen und Bedarfe der Mitmenschen gegenüber einem ideologisch überhöhten Naturbegriff hat Rockenbauch aber nicht daran gehindert, sich im Landkreis Göppingen für gute Kompromisslösungen einzusetzen. Wo einige seiner Freunde dazu nicht in der Lage oder willens waren, kam es dagegen zu den härtesten Auseinandersetzungen.

Als 1991 der schon länger erwartete Entwurf zur Novellierung des Landesnaturschutzgesetzes in den Landtag von Baden-Württemberg eingebracht wurde, überwog trotz Bedenken gegen einzelne Formulierungen bei allen Betroffenen die Erwartung einer wesentlichen Verbesserung des Naturschutzes im Lande.

2. Die Kletterkonzeption des DAV

In seiner ersten Stellungnahme vom Dezember 1990 zu dem Entwurf begrüßte auch der DAV-Landesverband die geplante Verbesserung des Biotop- und Artenschutzes unter Einschluss der Felsen und erarbeitete gemeinsam mit den anderen Kletterverbänden bis September 1991 eine umfangreiche „Konzeption zum Klettern an den Felsen in Baden-Württemberg". Es war der erstmalige Versuch, eine Übersicht über alle Kletterfelsen und wesentlichen Felsbildungen im Lande zu gewinnen und ihre ökologische und klettersportliche Bedeutung zu bewerten. Dabei ging die von Bernhard Kurz, Nicholas Mailänder, Günter Mauthe, Dr. Wilhelm Schloz und Roland Stierle erarbeitete Konzeption davon aus, dass von allen zum Klettern geeigneten Felsen im Land nur ungefähr 20 Prozent wirklich beklettert werden, und kündigte den Verzicht auf zahlreiche bisher bekletterte Felsen sowie auf Neuerschließungen in sensiblen Bereichen an. Es folgten Vorschläge für räumliche Regelungen (Zonierungen) und Einzelmaßnahmen, mit denen der Schutz der felstypischen Flora und Fauna in jedem Gebiet zu sichern sei, aber auch die weitere Ausübung des anerkannt wertvollen Klettersports gewährleistet würde. Zusätzlich wurde eine neue Initiative „Sanft klettern der Natur zuliebe" gestartet, in der Informationen über Naturschutz an Felsen vermittelt und Sensibilität sowie rücksichtsvolles Verhalten von jedem Kletterer eingefordert wurde. Die Konzeption fand zunächst ein durchaus positives Echo.

Zur gleichen Zeit veröffentlichten aber auch die Naturschutzverbände mit Unterstützung prominenter Wissenschaftler und Museumsleute eine Stellungnahme zum „Schutz der Flora und Fauna auf den Felsen der Schwäbischen Alb“ mit einer außerordentlich umfangreichen Aufstellung der dort vorkommenden Pflanzen und Tiere, ihren Status und eventuellen Gefährdungsgrad. Es war ein Kontrastprogramm zur Konzeption des Alpenvereins und eine Streitschrift für maximalen Biotopschutz und gegen die Kletterer auf der Alb gerichtet, besonders diejenigen, welche dort neue Herausforderungen suchten. Die Einrichtung neuer Routen sowie Nacherschließungen wurden grundsätzlich abgelehnt und der Alpenverein mit zweifelhaften Behauptungen beschuldigt, diese Entwicklung mit System gefördert zu haben. Ehrgeizige junge Kletterer, die heimatnah ihren großen Vorbildern wie Reinhold Messner, Wolfgang Güllich oder Kurt Albert nacheifern wollten, fanden keinerlei Beachtung, sondern wurden als Naturzerstörer diffamiert. Die im Vorgriff auf die DAV-Konzeption in den Landkreisen Esslingen und Göppingen bereits in Angriff genommenen Schutzmaßnahmen und Routenrückbauten wurden als unzureichend zurückgewiesen und das Projekt „Sanft Klettern der Natur zuliebe“ sowie Vorschläge, zum Schutz der Felsköpfe Umlenkhaken zu setzen, als untauglich abgelehnt.

In der DAV-Konzeption und in dieser Stellungnahme der Naturschutzverbände waren die gegensätzlichen Positionen nun deutlich abgesteckt und begründet worden. Was würde der Landtag daraus machen?

3. Das Biotopschutzgesetz vom 13. November 1991

Der Landtag beschloss mit den Formulierungen des § 24 des neuen Biotopschutzgesetzes indirekt ein grundsätzliches Verbot des Kletterns an „offenen Felsbildungen", weil sie als geschützte Biotope generell vor erheblichen oder nachhaltigen Beeinträchtigungen zu bewahren seien. Damit ist zum ersten Mal in Deutschland eine traditionsreiche und als wertvoll eingestufte Sportart in einem Bundesland flächendeckend verboten worden. Kein anderes Land hat dieses radikale Modell übernommen; alle haben mit dem bisherigen, durchaus reichhaltigen Instrumentarium des Naturschutzes ihre Biotope auch weiterhin schützen können. Das neue Biotopschutzgesetz von Baden-Württemberg war ein massiver „Steinschlag" auf die Häupter der Kletterer und ihrer Vereinigungen, besonders auch des Deutschen Alpenvereins in Baden-Württemberg. Seine 53 Sektionen waren nun darauf angewiesen, in zahllosen Einzelfällen Ausnahmen vom allgemeinen Kletterverbot zu erwirken oder zu erstreiten. Dazu bot der Absatz 4 des genannten Paragraphen eine Möglichkeit, wonach die Naturschutzbehörden Ausnahmen erteilen könnten, wenn keine erheblichen oder nachhaltigen Beeinträchtigungen der Biotope zu erwarten seien.

Von politischer Seite gab es allerdings schon vorher Signale, dass die Suppe vielleicht doch nicht so heiß gegessen werden müsse, wie sie gekocht wurde. Roland Stierle und Dr. Wilhelm Schloz als Vertreter des DAV-Landesverbandes und ich als tangierter Sektionsvorsitzender und Rechtsberater nahmen Kontakt mit den Landtagsfraktionen auf und besprachen die drohenden Einschränkungen am 17. September 1991 mit dem Sprecher der CDU-Landtagsfraktion für Naturschutzfragen, Ulrich Wendt. Daraufhin brachte die CDU-Fraktion einen Entschließungsantrag ein, in dem die Landesregierung ersucht wurde, „...beim Vollzug des Gesetzes den Belangen des Klettersports auf der Grundlage der vom Deutschen Alpenverein erarbeiteten Kletterkonzeption Rechnung zu tragen“. Dabei könne „die Kletterkonzeption als Grundlage für eine einheitliche Praxis der unteren Naturschutzbehörden als >Sammelantrag< für Ausnahmebewilligungen ... betrachtet und umgesetzt“ werden. Ferner möge die Landesregierung sicherstellen, „dass bis zur Erteilung von Ausnahmegenehmigungen das Klettern im bisherigen Umfang geduldet wird“. Mit Ausnahme der zeitlich befristeten Duldung des Kletterns waren das schöne, für den Politikbetrieb typische Versprechungen, die in der späteren Praxis nur wenig Beachtung fanden.

Der Alpenverein und die Kletterer haben den Landtagsbeschluss natürlich als politischen Erfolg verbucht, und so wurde er mit großem Unmut auch von den Naturschutzverbänden gesehen, wie sich in der nach Inkrafttreten des Gesetzes vom Naturschutzbund Baden-Württemberg (Nabu) herausgegebenen Broschüre mit dem Titel *„Thesen zum Felsenklettern, Konfliktmanagement Naturschutz und Freizeitgestaltung“* (Kornwestheim, Oktober 1992) herausstellte. Dahinter verbarg sich eine von Wolfgang Huber verfasste Kampfschrift, bei deren Abfassung namhafte Natur- und Vogelschützer wie Karlfried Hepp, Friedrich Schilling, Dieter Rockenbauch Günter Künkele u.a. beratend mitgewirkt hatten. Die Schrift war eine Art Kriegserklärung an die Freizeitgesellschaft, besonders an die Natursportler und hier gezielt an die Kletterer.

Sie enthält Halbwahrheiten und Unwahrheiten wie die Behauptung, die Kletterkonzeption des DAV und der Kletterverbände beruhe auf „Täuschung, Unvollständigkeit und falschen Zuordnungen“ und sei nur auf eine quantitative Erfüllung der Freizeitansprüche angelegt gewesen. An anderer Stelle wird den Kletterern „Felsbesetzung“ vorgeworfen; sie hätten, um Einschränkungen durch angekündigte Naturschutzvorschriften wirkungslos zu machen, über ihren Bedarf hinaus neue Felsen und

Routen „auf Vorrat“ erschlossen. Das Machwerk gipfelt in der Forderung nach einem „weitgehend kletterfreien Baden-Württemberg“. Die Kletterer sollten, bitte sehr, dahin gehen, wo „ausreichend Felsmasse zur Verfügung steht“, zum Beispiel in die Alpen. Dazu zeigen großflächige Illustrationen Kletterer und andere Natursportler als rücksichtslose Rowdies gegen Vögel und Pflanzen und ihre Sprecher als Tatsachenfälscher und Lügner.
Diese Provokation rief auf der Gegenseite natürlich große Empörung und massive Gegenreaktionen hervor: Im Oberen Donautal, wo besonders weitreichende Kletterverbote vorbereitet wurden, organisierten die Kletterverbände unter maßgeblicher Beteiligung unseres späteren Geschäftsführers Jochen Hacker im Mai 1993 die „Aktionstage Donautal“, bei denen an die 2.500 Teilnehmer gegen den drohenden Verlust der meisten „ihrer Felsen“ protestierten und demonstrierten. Im Juni 1994 fand während der Mitgliederversammlung des Deutschen Alpenvereins in Stuttgart, der dort zudem sein 125-Jahre-Jubiläum beging, eine Großkundgebung statt, auf der auch Heiner Geißler, damals Generalsekretär der CDU und selbst ambitionierter Kletterer, entschieden vor der Überspannung des Naturschutzgedankens warnte und für einen vernünftigen Ausgleich zwischen Natursport und Naturschutz eintrat. In seinem Wanderfalkenbuch von 1998 bedauerte Dieter Rockenbauch denn auch die „Thesen zum Felsklettern…“ als Fehler (a.a.O. S. 331) und warnte vor „blindem Eifer, unnötigen Schikanen und undiplomatischer Härte“. An anderer Stelle räumt er ein: „Mit den Klettersportlern fahren wir auf Dauer besser, als gegen sie, ein ohne sie gibt es nicht. Manche Kriege lassen sich – beiderseits – nicht gewinnen, man muss sie vermeiden oder begraben!“ (a.a.O. S. 330). Es hat noch Jahre gedauert, bis auch seine Freunde in der AGW und dem Nabu sich dieser Einsicht geöffnet haben.

Junger Kletterer an Umlenkhaken – zur Schonung der Flora auf dem Felskopf seilt er sich von hier ab

4. Die Petition des DAV-Landesverbandes vom 4. Dezember 1994, Verfahren, Ergebnis

4.1 Auf Seiten der Kletterer brachte dann die besonders restriktive Allgemeinverfügung des Landratsamtes Sigmaringen vom 23.03.1994 das sprichwörtliche Fass zum Überlaufen: Der DAV-Landesverband Baden-Württemberg reichte eine Petition an den Landtag ein, in der er eine Revision der Kletterregelung im Oberen Donautal und eine Verbesserung der im Nordschwarzwald geplanten Regelungen verlangte. Generell müssten bei neuen Kletterregelungen nicht nur Naturschutzbelange, sondern auch die sport- und gesellschaftspolitischen Aspekte begutachtet und bewertet werden, was bisher nicht geschehen sei. Bei der Umsetzung des Biotopschutzgesetzes werde die Ausübung des für den Verband essentiellen Klettersports unverhältnismäßig eingeschränkt und die Jugendarbeit und Sicherheitsausbildung der Sektionen gefährdet. Die Neuregelungen könnten gerade auch den im Naturschutz engagierten DAV-Mitgliedern nicht mehr vermittelt werden und seien geeignet, die Natursporttreibenden des Landes nach außerhalb zu verdrängen.

Die Kletterfreunde des Oberen Donautals hatten nach Untersuchungen des Arbeitskreises Klettern und Naturschutz Donautal (AKN Donautal), welcher aus Vertretern der Sektionen, der IG Klettern und der Bergwacht zusammengesetzt war, festgestellt, dass bis 1991 von insgesamt rund 500 Felsen im Gebiet nach freiwilligen Absprachen mit Naturschützen und Behörden etwa 65 zum Klettern zur Verfügung standen. Durch Rechtsverordnung vom 16.12.1991, also schon nach der Beschlussfassung über das Biotopschutzgesetz, beschränkte das Landratsamt Sigmaringen die Zahl freigegebener Felsen auf 47. In der nächsten Phase verzichteten die Kletterer von sich aus auf weitere Felsen und verständigten sich im AKN und mit dem DAV-Landesverband

auf einen „letzten Kompromissvorschlag". Er enthielt noch 31 aus ihrer Sicht unverzichtbare Felsen und war begleitet von detaillierten Konzeptionen für naturverträgliches Klettern. In der nun mit der Petition angegriffenen neuen Kletterregelung hatte das Landratsamt davon gerade noch 16 Felsen als frei bekletterbar übrig gelassen und weitere 6 Felsen benannt, die nur zeitlich und/oder räumlich beschränkt auf einigen Einzelrouten beklettert werden durften.
Im Juli 1995 nahm das Umweltministerium ablehnend zu der Petition Stellung, während das Ministerium für Kultus und Sport sie ausdrücklich unterstützte. Nach dem intensiven Austausch mit beiden Häusern über Jahre hinweg hatten wir nichts anderes erwartet.

4.2 Eine Kommission des Petitionsausschusses unter der Leitung des SPD-Abgeordneten Claus Schmiedel unternahm nun mit mehreren Abgeordneten eine ausgedehnte Besichtigungsfahrt zu den Problemfällen anhand der „31er Liste" des AKN-Donautal, an der viele Vertreter des amtlichen und des privaten Naturschutzes teilnahmen, und auch ich selbst als Vertreter des Petenten. Das magere Ergebnis der Tour: Kein einziger der gesperrten Felsen wurde zur Freigabe vorgeschlagen. Nur zusätzlich 15 Routen und 17 Varianten am Schreyfelsen und am Schaufelsen mit Blicklesfelsen wurden dafür in Aussicht genommen. Unser im Donautal gut vernetzter „Kletterbeauftragter" Jochen Hacker konnte mit Vertretern des örtlichen Naturschutzes und der Kletterszene noch ein paar weitere „heraushandeln". Trotz gemischter Reaktionen unserer Sektionen und der IG Klettern habe ich dem Ergebnis für den Alpenverein mit der ausdrücklichen Feststellung zugestimmt, dass wir das Ergebnis – gemessen an den bisherigen Klettermöglichkeiten im Donautal – für nicht ausreichend halten. Wir müssten uns deshalb vorbehalten, gegebenenfalls nach einigen Jahren der Beobachtung auf die Angelegenheit zurückzukommen.

4.3 Die daraufhin am 23. März 1996 im Umweltministerium durchgeführte „Vergleichsverhandlung" unter abermaliger Beteiligung aller irgendwie involvierten Behörden und Verbände habe ich wegen des außerordentlichen Drucks, mit dem uns unsere Zustimmung regelrecht abgenötigt wurde, in denkbar schlechter Erinnerung behalten. Der Landesnaturschutzverband (LNV) und der Nabu stellten die lokalen Lösungsansätze wieder in Frage, und die Behördenvertreter sowie der Gutachter Dr. Herter äußerten „erhebliche fachliche Bedenken gegen die vom Petitionsausschuss vorgeschlagenen und gegen die von den Verbänden diskutierten weiteren Freigaben" (Zitat aus dem amtlichen Protokoll). Mit der zusätzlichen Freigabe des „Parkplatzfelsens" und der Streichung der örtlich ausgehandelten Konzessionen wurde dann ein Vergleichsvorschlag fixiert, in dem der Alpenverein die neue Gesamtkonzeption zu akzeptieren und seiner Arbeit zugrunde zu legen hatte. Ferner sei zur Umsetzung eine Arbeitsgruppe mit dem LNV zu bilden, die gesperrten Routen nach Vorgabe der Arbeitsgruppe zu entnageln und so weiter...

Falls der Alpenverein dieses „Angebot" nicht annehme, so abschließend der Sitzungsleiter Ministerialdirektor Dr. Wirsing, werde das Umweltministerium die verhandelten Freigaben verweigern und dafür eintreten, dass die angegriffene Kletterverfügung des Landratsamts Sigmaringen vom März 1994 aufrechterhalten wird. Nach Konsultation mit meinen tapferen Mitstreitern Jochen Hacker und Heiko Wiening (Kletterreferent und Naturschutzreferent des DAV-Landesverbandes) stellten wir unsere Zustimmung unter dem Vorbehalt des Einverständnisses unserer betroffenen Sektionen in Aussicht. Am Ende blieb uns nichts anderes übrig, als den „Vergleich“ zu akzeptieren, widrigenfalls wir die bisher erreichten Zugeständnisse verloren hätten.

4.4 Auf der Landespressekonferenz vom 11. April 1996 in Stuttgart präsentierte der Abgeordnete Schmiedel das Verhandlungsergebnis als Erfolg des Petitionsausschusses, während ich für den DAV-Landesverband nochmals die Notwendigkeit der Petition betonte, die jedenfalls teilweise erfolgreich gewesen sei. Mit dem klettersportlichen Ergebnis könne der Alpenverein zwar nicht zufrieden sein, aber der jahrelange Streit sollte endlich beendet werden, denn „mehr war nicht drin“. Der Vorsitzende des LNV, Dr. Michael Hassler, nannte den Kompromiss „schwer verdaulich“ und aus der Sicht des Naturschutzes eigentlich nicht zu verantworten. Seine Behauptung, dass es bereits eine unterschriftsreife gemeinsame Erklärung von DAV und LNV gegeben habe, deren Unterzeichnung der Alpenverein in letzter Minute verweigert hätte (Presseerklärung des LNV vom 11.04.1996), entsprang einer Wunschvorstellung von ihm; eine solche Erklärung war zu keiner Zeit in Aussicht gestellt worden, fake news, wie man heute sagen würde.

4.5 Am 29. Oktober 1996 unterzeichnete Landrat Jürgen Binder vor der Presse stolz die neue Kletterregelung mit der Erklärung, er habe noch nie „ein ähnlich schwieriges und zähes Verfahren wie die Kletterregelung im Oberen Donautal zu bewältigen gehabt“.
Gegenüber der Regelung vom April 1994 waren nun durch die Petition und Verhandlungen auf allen Ebenen der sog. Parkplatzfelsen ohne Beschränkungen und 40 bisher gesperrte Kletterrouten am Blicklesfels, am Schreyfels und am Schaufelsen für den Klettersport freigegeben worden. Die Hoffnungen vieler

Kletterfreunde auf Konzessionen bei den klassischen Felsen der besonders geschützten Kernzone zwischen Beuron und Hausen hatten sich allerdings nicht erfüllt. Trotzdem schien ein dauerhafter Friedensschluss in greifbare Nähe zu rücken.
Der Landtag erklärte am 24. April 1997 die Petition hinsichtlich des Oberen Donautals für erledigt. Der Antrag des Alpenvereins zur Verbesserung der Verhältnisse im Nordschwarzwald wurde der Regierung zur Berücksichtigung mit der Maßgabe überwiesen, konkrete Freigaben an den Plättigfelsen zu veranlassen.

5. 30 Jahre Wanderfalkenschutz, ein schönes Buch mit vielen Fehlern

Die durch die Petition aufgeheizte Stimmung wurde im Jahr 1995 von einer Veröffentlichung der Arbeitsgemeinschaft Wanderfalkenschutz (AGW) weiter belastet, mit der sie ihr erfolgreiches Wirken in den vergangenen 30 Jahren dokumentieren wollte. Dieses „Schutz dem Wanderfalken" betitelte Buch mit schönen Bildern, der Erfolgsstory über die Rettung der Wanderfalken und überwiegend seriösen Beiträgen hätte ein informativer Beitrag zur Beruhigung des Konflikts zwischen Kletterern und Naturschützern sein können, aber das Gegenteil war der Fall. Das Werk enthielt wiederum viele der schon früher geäußerten Anschuldigungen, Falschdarstellungen und Diffamierungen zum Nachteil der Kletterer und des Alpenvereins, sodass eine öffentliche Gegenwehr und Gegendarstellung unausweichlich wurde. Von dem mit „Lebensraum Fels" überschriebenen Teil der Arbeit war auch ein Sonderdruck hergestellt und extra verbreitet worden. Die Finanzierung des fast 400 Seiten starken Buches und des Sonderdrucks waren fragwürdig, denn die Landesanstalt für Umweltschutz Baden-Württemberg (LfU) in Karlsruhe hatte die Herausgabe als „Beiheft“ Nr. 82 zu ihren „Veröffentlichungen für Naturschutz und Landschaftspflege in Baden-Württemberg“ übernommen, die Schrift also aus öffentlichen Mitteln finanziert. Dass also mit Steuergeldern eine große Gruppe der Gesellschaft mit falschen Behauptungen und polemischen Vorwürfen überzogen wurde, löste bei den Kletterverbänden wiederum große Empörung aus. Die Mitarbeiter des DAV-Landesverbandes fanden mehr als 50 fehlerbehaftete Textstellen, die sie in einer detaillierten Aufstellung analysieren und korrigieren oder widerlegen konnten. Der Verband konfrontierte die LfU mit dem Fehlerkatalog und verlangte eine öffentliche Richtigstellung. Angesichts der Schwere der Vorwürfe erklärte sich die LfU nach einigem Hin und Her dazu bereit, auch wenn inzwischen die Autoren des Wanderfalkenbuches entschieden bestritten, etwas Falsches geschrieben oder sich polemisch geäußert zu haben.

Die LfU gestand dem DAV-Landesverband zu, eine wissenschaftlich basierte Darstellung seines Konzepts für naturverträgliches Klettern in der nächsten Veröffentlichung ihrer Reihe „Naturschutz und Landschaftspflege in Baden-Württemberg“ zu publizieren. Die Autoren U. Kreh, G. Mauthe, R. Riedinger, Dr. Schloz und H. Wiening haben dieses Friedensangebot genutzt und unter dem Titel „Felsen und Klettern in Baden-Württemberg, Entwicklung und Umsetzung einer naturverträglichen Kletterkonzeption“ die Sicht des DAV-Landesverbandes zum Schutz der Felsbiotope dargelegt. Dem Heft ist eine Aufstellung der gröbsten Fehler des Wanderfalkenbuchs der AWG sowie die korrigierende Gegendarstellung des Alpenvereins beigefügt. Diese Arbeit wurde 1999 in den Band 73 der Veröffentlichungen der Landesanstalt (LfU) zu Naturschutz und Landschaftspflege eingefügt und ebenfalls als Broschüre in einem Sonderdruck verbreitet.

6. Fachtagung 1998 in Plochingen: „Zukunft des Klettersports in Baden-Württemberg“

Die mit dem Teilerfolg der Petition und der erweiterten Kletterregelung für das Donautal verbundene Hoffnung auf eine dauerhafte Beruhigung der Lage erfüllte sich leider nicht. Obwohl auch die IG Klettern dem „Vergleich“ notgedrungen zugestimmt hatte, wurde aus ihren Reihen Widerspruch gegen die neue Regelung des Landratsamts eingelegt. Man geriet vor Ort in Streit über die Entfernung von Kletterhaken; es wurden weiterhin Kletterverbote missachtet, und man konnte Versuche von Neuerschließungen an Felsen beobachten, die bisher niemanden interessiert hatten. Die meisten Kletterer hielten sich zwar an die neuen Bestimmungen, aber eine generelle Befolgung der Schutzvorschriften wurde trotz wiederholter Appelle des DAV und der organisierten Kletterer nicht erreicht. Im Führungskreis des DAV-Landesverbandes mussten wir erkennen, dass die heterogene Kletterszene im Donautal von Stuttgart aus nur partiell zu beeinflussen oder einzubinden war. Im Vorstand machte das Wort „Zerreißprobe“ die Runde.

Um die bedrohlichen Spannungen zu überwinden und Handlungsfähigkeit zurückzugewinnen, veranstaltete deshalb der DAV-Landesverband im September 1998 eine Fachtagung über die „Zukunft des Klettersports in Baden-Württemberg“ in Plochingen. Die bisherige Umsetzung des Biotopschutzgesetzes sollte kritisch überprüft und nach neuen Wegen aus der Krise gesucht werden. Unter den Rednern fanden sich Teilnehmer wie Nicolas Mailänder und Dr. Johannes Rauschnabel vom DAV Hauptverein, Leitender Ministerialrat Schmidt-Volkmar vom Kultusministerium und Ministerialdirektor Rainer Arnold vom Ministerium Ländlicher Raum, dem früheren Umweltministerium, Dr. Wilhelm Schloz, unser Naturschutzreferent, Achim Pasold, Kletterführerautor, Klaus Veit, Sprecher des AKN

Donautal, Spitzenkletterer Stefan Glowacz und viele andere. In meiner Eröffnungsrede kündigte ich Forderungen des Alpenvereins auf Nachbesserungen der Kletterregelung im Donautal an und erklärte: „Als wir über die Vorschläge des Petitionsausschusses zur Nachbesserung der Allgemeinverfügung entscheiden mussten, hatten wir praktisch keine andere Wahl als zuzustimmen. Das waren keine Gespräche zwischen gleichberechtigten Partnern. Ablehnen und Fundamentalopposition hätte noch weniger Routen und Felsen bedeutet. Wir haben aber schon damals mit dem Umweltministerium die Überprüfung der Neuregelung von 1996 nach drei Jahren ... verabredet. Jetzt, wo deutlich wird, dass die Donautalregelung nicht funktioniert, müssen wir mit den Behörden über eine wirklich funktionierende Lösung sprechen."

An gelungenen Beispielen der Zusammenarbeit zwischen Kletterern, Naturschützern und Behörden wurde gezeigt, wie funktionierender Naturschutz mit geregeltem Klettersport vereinbart werden kann, so etwa im Steinbruch von Schriesheim an der Bergstraße oder im Landkreis Reutlingen.

Nach vielen Reden und Diskussionen gingen von der Tagung zwei deutliche Botschaften aus:

Erstens kann die Lösung der Probleme zwischen dem Natursport Klettern und dem Naturschutz nur darin liegen, die Kletterer in den Naturschutz einzubinden und ihre Potentiale gerade auf dem Gebiet zu nutzen, wo sie sich am besten auskennen.

Zweitens muss im Oberen Donautal für eine allgemein akzeptierte Kletterregelung ein neuer Anlauf genommen werden.

7. Auf dem Weg zur „Gemeinsamen Erklärung“ von DAV und Nabu

Als Reaktion auf die publizierten Ergebnisse der Fachtagung, insbesondere auf die Forderung nach einer Revision der Regelungen des Landratsamts Sigmaringen vom Oktober 1996, verlangte der Vorsitzende des Landesnaturschutzverbandes (LNV) Dr. Michael Hassler von der auch für Naturschutz zuständigen Landwirtschaftsministerin Gerdi Staiblin, die Kletterregelung 1996 für das Donautal widerrufen und die alte Regelung von 1994 wieder in Kraft setzen zu lassen, weil der Alpenverein durch zahlreiche Versäumnisse und Verstöße „das in ihn gesetzte Vertrauen verspielt“ habe. In meiner Stellungnahme an die Ministerin widersprach ich dieser Forderung heftig und erklärte den Widerstand der Kletterer damit, dass man die Kompromissvorschläge der regionalen Kletterorganisationen zurückgewiesen und ihnen eine Regelung aufoktroyiert habe, die sie nicht nachvollziehen könnten. Das Ministerium blieb bei der Regelung von 1996, bestand aber weiter auf deren Einhaltung und kündigte die Einstellung eines Rangers an.
Trotz der neuen Spannungen aktivierte der DAV-Landesverband nun erneut seine Kontakte mit Politik und Verwaltung, so mit dem Amtschef des Landwirtschaftsministeriums Rainer Arnold (November 1998), dem neuen Landrat in Sigmaringen Dirk Gaerte (Mai 1999), der eine Rückkehr zur Allgemeinverfügung von 1994 ausschloss, den Landtagsabgeordneten der CDU Döpper, Behringer und Klunzinger (Dezember 1999), der FDP (Dr. Glück), der Grünen (Kretschmann) und anderen. Vereinzelt erfuhren wir dabei Verständnis für unsere Anliegen, aber neue Ansätze oder gar Perspektiven ergaben sich nicht.

Nach zehn Jahren harter Auseinandersetzungen hat es mich einigermaßen überrascht, im Laufe des neuen Jahres 2000 zunehmend positive Signale der Entspannung aus den Naturschutzverbänden zu vernehmen. Der Nabu Baden-Württemberg hatte inzwischen einen neuen Vorsitzenden, Dr. Stefan Rösler, und eine krisenhafte Entwicklung des LNV hatte zur Wahl von Reiner Ehret als dessen neuem Vorsitzenden geführt. Entschiedene Klettergegner wie Günter Künkele und Friedrich Schilling von der Arbeitsgemeinschaft Wanderfalkenschutz (AGW) erklärten im Fachdienst 2/2000 der Landesanstalt für Umweltschutz (LfU): „Die AGW bemüht sich, den Lebensraum Fels im Rahmen der behördlichen Regelungen in Zukunft gemeinsam mit den Kletterverbänden zu erhalten". Hilfreich für dieses Umdenken dürfte auch die naturschutzorientierte Arbeit des AKN Reutlingen unter der Leitung des bergerfahrenen Duos Dieter Brodmann und Jürgen Nuber gewesen sein. Über viele Jahre hinweg waren dort mit den Behörden und Naturschützern Konzepte entwickelt worden, die dem Klettersport genügend Raum und dem Biotop- und Vogelschutz sehr gute Bedingungen gesichert hatten. Dabei nahmen junge Mitglieder der AGW auch an Kletterkursen des Alpenvereins teil, um selbst Jungfalken beringen zu können. Im Sinne des oben zitierten Satzes von Dieter Rockenbauch bahnte sich beim privaten, aber auch beim amtlichen Naturschutz die Bereitschaft an, die Konflikte zu entschärfen und im Interesse beider Seiten aufeinander zuzugehen.

Impulse für einen Neubeginn gingen auch von der Veranstaltung der Volkshochschule Villingen-Schwenningen im März 2001 mit den regionalen Alpenvereinssektionen aus, auf welcher unser Naturschutzbeauftragter Heiko Wiening einen Vortrag über den Lebensraum Fels und den Themenkreis Klettern und Naturschutz hielt. Hier zeigte sich der beim LNV aktive und bald in dessen Vorstand gewählte Dr. Gerhard Brommer bereit, an einer Verbesserung der verfahrenen Situation im Oberen Donautal mitzuwirken.

Geht doch! – Klettern mit Empathie und Rücksichtnahme

In diesem Sinne nahm auch unser Landesverband direkten Kontakt mit dem Nabu-Landesverband auf. Im Mai 2001 trafen sich in der Nabu-Geschäftsstelle in Stuttgart als deren Vertreter Vorsitzender Dr. Stefan Rösler und die Herren Klatt, Schilling, Ficht und Löhl und für den Alpenverein Jochen Hacker, Heiko Wiening und ich selbst sowie Klaus Veit für den AKN Donautal. Das in freundlicher Atmosphäre verlaufene Gespräch führte zu der Einigung, dass eine gemeinsame Erklärung erarbeitet werden soll, in der trotz unterschiedlicher Schwerpunkte die gemeinsamen Interessen der Beteiligten herausgestellt und für die Zukunft eine konstruktive Zusammenarbeit auf allen Ebenen vereinbart werden.
Die vielfach bearbeitete und abgestimmte Gemeinsame Erklärung wurde im Jahr 2004 mit dem Titel „Klettern und Naturschutz in Baden-Württemberg“ fertiggestellt. Die beiden Verbandsvorsitzenden Dr. Stefan Rösler für den Nabu und Dr. Jürgen Christ für den DAV-Landesverband stellten den „Friedensschluss“ am 14. Februar 2005 im Landtag der Presse und der Öffentlichkeit vor und erklärten den jahrelangen Streit für beendet.

Ebenfalls im Jahr 2001 wurde das außergewöhnliche „Projekt Schaufelsen“ auf den Weg gebracht. Engagierte Kletterer und Naturschützer vor Ort und aus der Region suchten nach einem „Modellfelsen“ im Oberen Donautal, an dem differenzierte Konzepte entwickelt werden könnten, die sowohl den Biotopschutz dauerhaft sichern, als auch den Kletterern ausreichend Möglichkeiten zur Ausübung ihres Sports einräumen würden. Daraus entstand die „Projektgruppe Schaufelsen“, der Dr. Gerhard Bronner, LNV, Gerhard Stumpp, BUND, Rolf Ott, AKN Donautal und IG-Klettern, Norbert Kuhn, Ranger, Dr. Wolfgang Herter, Biologe und Gutachter, und Heiko Wiening,

Biologe und Naturschutzbeauftragter des DAV-Landesverbandes angehörten.
Mit Zustimmung des Landratsamts Sigmaringen und der beteiligten Behörden wurde das größte Felsgebilde im Donautal, der Schaufelsen, als Modell ausgewählt und das Projekt mit bewundernswertem Einsatz und großem Aufwand ausgearbeitet. Dabei ist es gelungen, wirkungsvollen Naturschutz und attraktiven Klettersport in einem „Win-Win-Konzept" zusammenzuführen, detailliert zu regeln und mit Felspatenschaften und weiteren Begleitmaßnahmen zu ergänzen. Im Mai 2004 gab das Landratsamt Sigmaringen dem Inhalt zunächst befristet und im Jahr 2008 abschließend die rechtliche Form einer Allgemeinverfügung. Außerdem erhielt das Projekt den unter den Natursportverbänden ausgeschriebenen Umweltpreis der „Fachgruppe Outdoor" der Messe Friedrichshafen. Es wurde beispielgebend für andere Klettergebiete.

Mein Resümee: Der von der Landesregierung im Biotopschutzgesetz vorgeschlagene und vom Landtag beschlossene Weg, das Klettern in der freien Natur zunächst grundsätzlich zu verbieten und nur im Einzelfall ausnahmsweise zuzulassen, war politisch und administrativ ein Irrweg. Anstatt wie in anderen Ländern im Einzelfall notwendige Schutzmaßnahmen mit den Betroffenen abzustimmen und unter Abwägung fachlicher und gesellschaftlicher Interessen zu entscheiden, wurde eine traditionelle Sportart unter den Generalverdacht der Naturzerstörung gestellt und abgestraft. Anstrengung, Aufwand, Zeit und Kosten, welche über viele Jahre hinweg für die notwendigen Korrekturen des allgemeinen Verbots einzusetzen waren, sind gegenüber dem heutigen Ergebnis völlig unverhältnismäßig.

XI. Der richtige und der falsche Göppinger Walzenkrug

1. Der richtige...

Meinem Interesse an alter und moderner Kunst hatte ich zuletzt in Seminaren des Leibniz-Kollegs Tübingen nachgehen können. Später mussten dafür regelmäßige Besuche von Museen, Kirchen und Kunstauktionen ausreichen. Die Ausstellungs- und Sammeltätigkeit des Göppinger Stadtmuseums im Storchen wie auch die entsprechenden Bemühungen des Kulturamtes vor der Gründung der Städtischen Galerie interessierten mich deshalb besonders und reizten mich auch, daran mitzuwirken. So gelangen in schöner Zusammenarbeit mit Dr. Dieter Kauß und Dr. Karl Heinz Rueß (Leiter der Städtischen Museen) und Ermbrecht Frentzel Beyme (Kulturamtsleiter) immer wieder Erwerbungen hervorragender Stücke für die Kunstsammlungen der Stadt, darunter Spitzenwerke des in Bünzwangen geborenen Malers Jakob Grünenwald, Skulpturen des aus Wiesensteig stammenden bayrischen Hofbildhauers Johann Baptist Straub, das Aquarell einer Voralblandschaft von Erich Heckel, das Ölbild „Virginia Wolfe“ des Göppinger Malers Ulrich Klieber und manches Andere.
Als Freund schönen Kunsthandwerks wollte ich mich in unserer neuen Heimat Göppingen auch mit den hiesigen Zeugnissen alter Handwerkskunst vertraut machen. Dabei fielen mir die im Besitz des Städtischen Museum „Storchen“ stehenden fünfzehn Stücke der Göppinger Fayencemanufaktur aus dem 18. Jahrhundert besonders auf. Aber auch der bescheidene Bestand alter Krüge und Kannen von Göppinger Zinngießern hatte mein Interesse geweckt, zumal man für derlei Gegenstände damals im Kunsthandel hohe Preise bezahlen musste. Nachdem aber beide Fachgebiete bisher nur in alten Aufsätzen oder in Sammelbeschreibungen behandelt worden waren, erschien es mir als neuem Kulturbürgermeister besonders reizvoll, zunächst diese bei-

Göppinger Fayencen

Städtisches Museum Göppingen 1982

„Der richtige Krug" in der Ausstellung Göppinger Fayencen 1982

den Zweige Göppinger Handwerkskunst näher erforschen zu lassen und die Ergebnisse dann in einer Museumsausstellung zu präsentieren.
Also wurde der damalige Leiter von Stadtarchiv und Museum, Dr. Dieter Kauß, gebeten, diese Pläne zuerst hinsichtlich der Göppinger Fayencemanufaktur zu konkretisieren und die notwendigen Kontakte herzustellen. Mit einigem Erfolg fahndete er in vielen Museen nach Göppinger Fayence-Erzeugnissen, und zugleich wurde die Bevölkerung über die Zeitung um Mithilfe bei der Suche nach entsprechenden Stücken gebeten. Zur gleichen Zeit wurde auch der Spezialist für europäische Fayencen, Autor und Kunsthändler René Simmermacher aus Freiburg/Breisgau, für die Mitarbeit an dem Projekt gewonnen. Er verfügte selbst über einige Göppinger Fayencen und war bereit, die wissenschaftliche Bearbeitung und Einordnung der Einzelstücke zu übernehmen. Die Geschichte der Manufaktur, ihre Produktionsweise und die beteiligten Unternehmer und Mitarbeiter bearbeitete Dr. Kauß in seiner Funktion als Stadthistoriker.
Die zunächst für das Jahr 1981 geplante Ausstellung musste auf 1982 verschoben werden, weil das Land 1981 die Landesausstellung „Barock in Baden-Württemberg" veranstalten wollte und uns deshalb wichtige Stücke aus Landesbesitz nicht zur Verfügung stellte. Schließlich war es soweit, dass ich am 12. Mai 1982 die erste Ausstellung Göppinger Fayencen unter großem Publikumsinteresse im Storchen-Museum eröffnen konnte. Sie umfasste insgesamt 90 Objekte, die in einem ausführlichen Katalog abgebildet und beschrieben worden waren.
Die Abbildung eines besonders schönen, vielfarbig mit Blumen und Blättern bemalten Walzenkruges findet sich in Gesellschaft eines Tellers und einer Kaffeekanne auf der Titelseite des Katalogs. Dieser Krug war aus einer Ausstellung alter deutscher Fayencen von 1932 in Oslo bekannt und befand sich zur Zeit der

Ausstellungsvorbereitung im Besitz des norwegischen Arztes Dr. Ragnar Börsum in Oslo (vgl. Hüseler Band 1, Nr. 181). Im Jahr 1980 war es Museumsleiter Dr. Kauß gelungen, bei einem persönlichen Besuch den Sammler zur Ausleihe des Kruges nach Göppingen zu bewegen.

Bei einer Reise der Göppinger Jugendkapelle nach Norwegen in den Pfingstferien 1982 hatte ich, noch während die Ausstellung lief, auch selbst die Möglichkeit, dem großzügigen Sammler in Oslo einen Besuch abzustatten. Ich hatte die Kapelle als Mitglied der Betreuungsgruppe und als Vertreter der Stadt begleitet und nahm die Gelegenheit wahr, um Dr. Börsum zuhause aufzusuchen, ihm unseren Katalog zu dedizieren und seine beeindruckende Sammlung alter deutscher Fayencen zu besichtigen. Natürlich sprachen wir auch über seinen schönen Göppinger Walzenkrug, und ich erlaubte mir – respektvoll und eifrig gleichermaßen – die Bemerkung, dass es eine wunderbare Geschichte wäre, wenn der Krug dermaleinst nach Göppingen zurückkehren könnte, wo ihm im Städtischen Museum ein Ehrenplatz freigehalten würde. Dr. Börsum nahm meine Erklärung freundlich zur Kenntnis, ohne allerdings näher darauf einzugehen. Anlässlich der Rücksendung des Kruges per Luftfracht im Oktober 1982 ließ auch Museumsleiter Dr. Kauß schriftlich die Hoffnung durchscheinen, „dass diese Fayence vielleicht einmal den Weg zurück nach Göppingen finden könnte."

Was bisher nur eine ferne Wunschvorstellung war, wurde bald darauf zur begründeten Hoffnung, als beim Göppinger Museumsleiter ein Brief des Sammlers vom 24. Oktober 1982 eintraf, der unter anderem folgende Sätze enthielt:

„Ich bin sehr stolz und froh, daß Sie meinen Krug an der Vorderseite des Katalogs abgebildet haben. ... Sehr dankbar bin ich, daß Dr. Christ mir den Katalog und auch viele andere interessante Dokumente gegeben hat. .... Darf ich dann Ihnen mitteilen, daß ich mit größter Freude diese Fayence Ihrem Museum

als Geschenk testamentiere. Dann freut es mich zu wissen, daß mein lieber Krug einen schönen Platz gefunden hat. Meine Kinder werden nach meinem Tode alles mit dem Übersenden besorgen.... Ihnen meine herzlichsten Grüße, Ragnar Börsum.“

In meinem unverzüglich abgesandten Dankschreiben habe ich namens der Stadt versichert, *„dass der Krug ... eines der farblich und im Dekor am besten gelungenen Stücke der Göppinger Produktion und deshalb von besonderer Bedeutung für unsere Stadt ...“* sei.

Es wurde in den Folgejahren nun sehr darauf geachtet, die Verbindung zu dem Sammler nicht abreißen zu lassen, meistens mit freundlichen Weihnachtsgrüßen oder kleinen Büchergaben. Auf die Übersendung des 1984 erschienenen städtischen Bändchens über die Bildhauer Straub und Messerschmidt kam Dr. Börsum nochmals auf den Krug zurück und schrieb:

„Es freut mich sehr zu sehen, daß Sie meinen Krug als ein „Prunkstück“ betrachten und ich bin sehr froh zu wissen, daß er bei Ihnen ein immer schönen und guten Platz finden wird. ... Herzlichste Grüße Ragnar Börsum.“

Im Sommer 1990 war es erneut eine Konzertreise der Göppinger Jugendkapelle nach Norwegen, welche die Gelegenheit bot, sich nach den Verhältnissen um unseren Freund Dr. Börsum, der nun schon 95 Jahre alt war, zu erkundigen. Von Gerhard Brandt, dem Verbindungsmann der Jugendkapelle in Oslo, bekamen wir die Auskunft, dass Dr. Börsum geistig rüstig im Pflegeheim Frogner Pleiehjem Aufenthalt habe. Also kein Grund zur Sorge! Oder doch?

In den letzten Maitagen 1992 teilte der aus Göppingen stammende Stuttgarter Kunsthändler Frieder Aichele, der auch international tätig ist, dem Museumsleiter der Stadt, Dr. Karl Heinz Rueß, mit, dass die Fayence-Sammlung Börsum aus Oslo am 23. Juni in Londons führendem Auktionshaus Sotheby zur Versteigerung anstehe, darunter auch der bekannte Walzenkrug aus Göppingen. Sofort begann eine ziemlich hektische Kommunikation per Telefon, Telefax und Post zwischen der Stadt Göppingen, der Deutschen Botschaft in Oslo, dem von dort empfohlenen Rechtsanwaltsbüro Hagen, Böhler & Co sowie der Tochter Bente Börsum mit dem vorläufigen Ergebnis, dass Dr. Ragnar Börsum im Alter von nun fast 97 Jahren weiterhin im Pflegeheim lebt und seine Kinder, Sohn Hermann und Tochter Bente, die Versteigerung der Sammlung in die Wege geleitet haben.

Im Vertrauen auf die rechtliche Wirksamkeit der Zusage ihres Vaters erklärte ich den Geschwistern Börsum unter Beifügung der schriftlichen Versprechungen unsere Sicht der Dinge und bat zur Vermeidung des Eintritts vollendeter Tatsachen um Herausnahme des versprochenen Kruges aus der Auktion. Ein direkt an die Firma Sotheby gerichtetes, unseren Anspruch auf den Krug begründendes Anschreiben blieb vorerst in der Schublade. Für die Geschwister Börsum meldete sich die Tochter Bente Börsum mehrfach freundlich, aber bestimmt mit der Feststellung, dass sie zwar die Urheberschaft ihres Vaters an den schriftlichen Zusagen anerkenne, er aber ihnen gegenüber niemals davon gesprochen oder etwas aufgeschrieben habe. Dies auch dann nicht, als er vor einigen Jahren in ein Altersheim gezogen sei und ihnen sein Haus und seine ganze Sammlung ohne Testament zum Eigentum übertragen habe. Auch in einem neuerlichen Gespräch habe sich ihr Vater an nichts, was sich auf den Göppinger Krug und dessen Zukunft bezog, erinnern können. Angesichts der zweifelhaften Rechtslage wollten sie auch den mit Sotheby abgeschlossenen Vertrag nicht aufkündigen.
Ich hatte mir vorgenommen, einen Rechtsstreit mit der Familie Börsum möglichst zu vermeiden und stattdessen im Verhandlungsweg eine für beide Seiten akzeptable Lösung herbeizuführen.

Dabei stand natürlich das Ziel, den Walzenkrug endgültig nach Göppingen zu holen, ganz im Vordergrund. Unter dem Zeitdruck des bevorstehenden Versteigerungstermins einigten wir uns schließlich auf die zuletzt von den Geschwistern Börsum mitgetragene Lösung, welche vorsah: Die Stadt Göppingen wird versuchen, den Walzenkrug selbst zu ersteigern. Falls ihr dies gelingt, sind die Geschwister Börsum bereit, den im Versteigerungskatalog angenommenen Mindestpreis von 600 britischen Pfund zu übernehmen. Mehrkosten bleiben bei der Stadt Göppingen.
Es geschah wie verabredet. Die Fayencen der Sammlung Dr. Börsum waren beim Publikum heiß begehrt und stiegen im Preis ganz erheblich. Kunsthändler Frieder Aichele ersteigerte den Börsum-Krug für das Städtische Museum Storchen mit einem Zuschlagspreis von 2.860 britischen Pfund, sodass die Stadt Göppingen noch über 2.000 Pfund aufwenden musste, um endgültig in den Besitz dieses wohl schönsten Walzenkrugs der Göppinger Fayencemanufaktur zu kommen. Als die Neuerwerbung am 8. Juli 1992 der Öffentlichkeit vorgestellt wurde, traf sie auf große Beachtung und Zustimmung des interessierten Publikums.

2. ... und der falsche Krug...

Es gibt noch eine andere Geschichte von einem „Göppinger Fayence-Walzenkrug“, die es wert ist, hier erzählt zu werden.
Das Hetjens-Museum in Düsseldorf, welches sich schon im Titel „Deutsches Keramikmuseum“ nennt, ist wahrscheinlich das größte, jedenfalls eines der bedeutendsten Keramikmuseen in Deutschland. Vor bald 60 Jahren (1962) brachte die Stadt Düs-

seldorf den vom damaligen Kustos des Museums Dr. Adalbert Klein bearbeiteten Katalog „Deutsche Fayencen“ als, wie er im Vorwort schrieb, ersten wissenschaftlichen Katalog über einen Teilbestand des Museums heraus. Kataloge der Fayencen Europas (erschienen 1980) und des Vorderen Orients sollten folgen. Als Freund und zuweilen auch Sammler schöner alter Fayencen hatte ich mir schon früh dieses Katalogbuch „Deutsche Fayencen“ gekauft.

Ein Kulturdezernent in Deutschland weiß, dass hiesige Museumsleiter (anders als zum Beispiel in den USA) grundsätzlich nichts aus ihren Beständen verkaufen, und es gibt auch gute Gründe für diese Haltung. Trotzdem passiert es hin und wieder, dass diese Regel durchbrochen wird, wofür dann schon ganz außergewöhnliche Gründe ins Feld geführt werden müssen. Es hat deshalb viele Kunstfreunde und auch mich sehr überrascht, als ich im Jahr 1976 gehört habe, dass dieses berühmte Museum zahlreiche deutsche Fayencen aus seinem Bestand im Wege einer Versteigerung zu Geld machen wolle. Und zu diesem Bestand gehörte auch ein prächtiger Göppinger Walzenkrug (Katalog, S. 261, Nr. 420 mit Abbildung), den das Museum plötzlich nicht mehr haben wollte. Tatsächlich war der Krug im Herbst-Versteigerungskatalog 1976 der Firma Weinmüller, München, beschrieben und angeboten. In einem persönlichen Telefongespräch mit Dr. Klein teilte ich ihm unser Erwerbsinteresse mit und erfuhr gleichzeitig, dass mit dem Erlös der Verkaufsaktion eine Sammlung sehr wertvoller chinesischer Keramik angekauft werden solle. Natürlich haben wir (Museumsleiter Dr. Kauß und ich) der Zuordnung des Walzenkruges nach Göppingen durch den renommierten Fachmann Dr. Klein vertraut und uns beim Bieten beherzt engagiert – mit Erfolg. Am Ende hatte die Stadt Göppingen mit dem Aufgeld des Versteigerers und Nebenkosten 5.340 DM zu bezahlen, was einem Zuschlagspreis von um die 4.300 DM entspricht. Angesichts des damals sehr

hohen Preisniveaus für gute, seltene Fayencestücke war das ein angemessener Preis.
Nun gibt es im „Ländle“ und besonders im Umkreis der Landeshauptstadt Stuttgart Kunsthändler, die von Fayence-Erzeugnissen alter württembergischer Manufakturen mehr verstehen als der frühere Kustos des Hetjensmuseums Dr. Klein, und wohl auch mehr, als die aus dem Badischen stammenden Akteure Dr. Christ und Dr. Kauß. Es dauerte also nicht lange, bis der angebliche Göppinger Krug mit Hilfe des Stuttgarter Auktionators Gert Nagel als Produkt der Ludwigsburger Porzellan- und Fayencemanufaktur identifiziert wurde, womit der wichtigste Grund für seinen Erwerb, nämlich die Herkunft aus Göppingen entfallen war. Eine Anfechtung des Kaufs mit entsprechenden rechtlichen Auseinandersetzungen und ungewissem Ausgang erschien uns nicht opportun. Beruhigend war auch der Umstand, dass die Stadt für ihr Geld doch einen echten Wertgegenstand in Form des qualitätvollen Ludwigsburger Kruges bekommen hatte. Da das Städtische Museum Göppingen aber keine Ludwigsburger Fayencen sammelt, war letztlich doch ein Schaden eingetreten, weil nun Geld im Ankaufsetat fehlte. Der Fehlgriff konnte also nur repariert werden, wenn es gelang, das gute Stück zu einem ähnlichen Preis wieder zu verkaufen.
Gesagt, getan! In dem angesehenen Göppinger Bürger und Kaufmann Hans Pflüger, Inhaber der renommierten Firma Fähnle und seinerzeit Präsident der Industrie- und Handelskammer Göppingen, sah ich einen möglichen Kaufinteressenten. Von Besuchen in seinem kultivierten Haus wusste ich nämlich, dass er schöne alte Dinge, so auch Ludwigsburger Porzellan, sammelte und davon eine beachtliche Kollektion besaß. Es bedurfte keiner großen Anstrengung, um ihn davon zu überzeugen, dass der prachtvolle Fayencekrug aus Ludwigsburg eine interessante Bereicherung für seine Ludwigsburg-Sammlung be-

deuten würde. Mit einem kleinen Abschlag kaufte er uns den Krug also ab, und der Schaden war damit weitgehend behoben. Als Hans Pflüger 1995 starb, lieferten die Erben den Krug beim Kunstauktionshaus Rieber in Stuttgart zur Versteigerung ein. Trotz des inzwischen etwas gefallenen Preisniveaus für antike Fayencen wurde für die Auktion im Oktober 1997 ein Schätzpreis von 3.950 DM festgesetzt. Zu welchem Preis er dann zugeschlagen worden ist, habe ich mir nicht mehr notiert, aber man hat mir berichtet, dass er an den Ort seiner Entstehung zurückgekehrt ist, nach Ludwigsburg.

XII. Vom gescheiterten Kunstwettbewerb zur Städtischen Kunsthalle

1. Bürgerinitiative für eine Städtische Galerie

Als am 30. April 2019 der Leiter der Kunsthalle Göppingen Werner Meyer nach 30 Jahren sehr erfolgreicher Tätigkeit offiziell verabschiedet wurde, rief mich Oberbürgermeister Guido Till als ehemals verantwortlichen Kulturbürgermeister zum Rednerpult, um mit ihm gemeinsam dem scheidenden Kunsthallenchef eine gerahmte Grafik von Klaus Heider als Abschiedsgeschenk zu überreichen. Es war eine nette Geste, die mich veranlasste, mir die Vorgeschichte der Galerie, ihre Impulsgeber und frühen Akteure nochmals näher anzuschauen. Ich war damals ja gewissermaßen von Amts wegen, aber auch als Freund der schönen Künste und persönlich der Meinung, dass zum guten Standard einer kulturell lebendigen Stadt wie Göppingen eine Städtische Galerie gehöre. Da sich die „Begeisterung" für ein solches Projekt bei den Kollegen Bürgermeistern und den meisten Gemeinderäten jedoch sehr in Grenzen hielt und weil angesichts anderer Aufgaben ein Neubau völlig ausgeschlossen erschien, stellte ich mir vor, ähnlich wie bei den erfolgreichen Projekten Stadtbibliothek im Adelberger Kornhaus und Jugendmusikschule im Haus Illig, die Galerie in einem städtischen „Haus für die bildende Kunst" unterbringen zu können. Die seither geübte Praxis, im oberen Foyer der Stadthalle jährlich einige Kunstausstellungen anzubieten, die aber nur in der ersten Woche ein paar Nachmittagsstunden und an Sonntagen öffentlich zugänglich waren, genügte den Erwartungen der Kunstfreunde in der Stadt schon lange nicht mehr – und denen der aktiven Künstler schon gar nicht. Gleichzeitig sahen diese Kreise mit Ungeduld, wie in Nachbarstädten wie Esslingen, Wendlin-

gen, Kirchheim und Böblingen kommunale Galerien eingerichtet oder vorbereitet wurden.
Zum entschiedenen Befürworter und Treiber für die Einrichtung einer Städtischen Galerie wurde 1985 eine aus verschiedenen Richtungen gespeiste Bürgerinitiative, die im November des gleichen Jahres in die Gründung eines „Förderverein Städtische Galerie Göppingen e.V." mündete. Die NWZ schrieb von dem „Geduldsfaden" kunstliebender Göppinger Bürger, der nun „endlich gerissen" sei.

2. Villa Netter oder Rabbinerhaus?

Allerdings hatte ich schon ein Jahr vorher einige Kunstfreunde in der Stadt, darunter die Galeristin Inge Harter, den Sprecher der Künstlergruppe Spektrum, Rüdiger Noreikat, und die Architekten Dr. Erwin Herzberger und Peter-Michael Dauner gebeten, sich in diesem Sinne mit der Villa Netter zu befassen, und sie hatten inzwischen auch ein Programm für ein „Künstlerhaus Villa Netter" entworfen. Dieses in städtischem Besitz befindliche und vermietete Wohngebäude war in den 20er Jahren von der jüdischen Fabrikantenfamilie Netter, die im Dritten Reich vertrieben wurde, in der Schumannstraße erbaut worden. Wegen seines ungewöhnlichen Art deco Baustils stand es unter Denkmalschutz, und für später eventuell notwendige Ergänzungsbauten gab es noch genügend Grundstücksflächen südlich und nördlich der Villa.

Ein starker Anstoß zur Gründung des Fördervereins kam auch aus dem Haus und dem Umkreis der privaten Galerie Annelie Rall, die seit vielen Jahren anspruchsvolle Ausstellungen zeitgenössischer Kunst in ihrem Haus in der Göppinger Kleiststraße durchführte. Ihr Schwiegersohn Dr. Lutz Gaiser lenkte in den entscheidenden Jahren als Vorsitzender den neuen Verein. Aber auch Göppinger Stadträte engagierten sich zunehmend im oder für den Förderverein wie Dorothea von Buch, Werner Stepanek, Friedrich Schiller und Ernst Birzele. Unter der Überschrift „Kunst ohne Haus“ formulierte der Verein in einer Werbeschrift vom Sommer 1986: „Stiefmütterlich behandelt wurde bis jetzt die bildende Kunst – Unser Ziel ist, die Stadt Göppingen in ihrem Bestreben zu unterstützen in einer Städtischen Galerie aktuelle Kunst dem Bürger angemessen präsentieren zu können.“
Wie kritisch die neue Initiative derweil in Teilen der städtischen Verwaltung immer noch gesehen wurde, zeigte sich in den Worten des damaligen Finanzbürgermeisters Uwe Bähr, der bei der Eröffnung der Weihnachtsausstellung einheimischer Künstler Anfang Dezember 1985 in der Stadthalle extra auf die Entscheidungskompetenz der städtischen Gremien hinwies und die Hoffnung ausdrückte, dass es jenem „elitären Zirkel“ von Kunstfreunden gelingen möge, die erforderlichen finanziellen Mittel aufzubringen, um sich an dem kostspieligen Projekt einer Städtischen Galerie zu beteiligen (NWZ 03.12.1985).
In den folgenden Monaten wurden Lage, Eignung und Umbaukosten der Villa Netter und des vom Förderverein als Galeriegebäude ins Gespräch gebrachten Rabbinerhauses in der Freihofstraße bei der Stadt untersucht und vielerorts diskutiert. Obwohl der Förderverein dann am 28. April 1986 mehrheitlich für das Rabbinerhaus als zukünftiges Galeriegebäude votierte, fasste der Gemeinderat am 30. April 1986 den Grundsatzbeschluss, die Städtische Galerie in der Villa Netter zu etablieren

Eingang Göppinger Kunsthalle

und diese entsprechend umzubauen. Damit folgte er der Empfehlung der Verwaltung, sich für das architektonisch wertvollere Gebäude zu entscheiden, und auch aus meiner Sicht passte zu guter Kunst die stilvolle Villa besser als das nüchterne Rabbinerhaus.
Bald darauf wurde die überfällige Sanierung des Daches in Angriff genommen, aber weitere Planungen oder Maßnahmen ließen auf sich warten. Bei den Haushaltsplanberatungen im Herbst 1986 wurde die Umsetzung des Galerieprojekts zur großen Enttäuschung der einheimischen Kunstfreunde weiter verschoben. Der Förderverein beriet neue Aktionen, um mehr Mitglieder zu gewinnen und den Druck auf die Stadt zu erhöhen, damit das Projekt Städtische Galerie wieder Fahrt aufnehme. Da kam im folgenden Jahr völlig unerwartet die Wende mit einem neuen Vorschlag:

3. Eine Werkhalle als Domizil

Am 24. November 1987 traf sich ein von der Stadt eingesetztes Preisgericht in der Werkhalle der früheren Gewerblichen Berufsschule am Nordring (Postanschrift Marstallstraße 55), um sich mit den Ergebnissen eines Kunstwettbewerbs zur Ausstattung des neu gestalteten Spitalplatzes zu beschäftigen. Dass die großzügig in der weiträumigen Shedhalle präsentierten Arbeiten von 51 Künstlern aus ganz Baden-Württemberg den Eindruck einer etwas besonderen Kunstausstellung erzeugt haben können, erscheint nachvollziehbar. Es soll der Vorsitzende und Fachpreisrichter des Gremiums, Prof. Hans Dieter Lutz aus Stuttgart, gewesen sein, der diesen Eindruck als Erster in Worte fasste und die anwesenden Kommunalpolitiker mit diesem Gedanken „infizierte“. So wurde die Idee, die geplante Galerie nunmehr in dieser Werkhalle zu etablieren, zum Wendepunkt ihrer Entstehungsgeschichte. Dieses fabrikähnliche Gebäude mit Hallen im Unter- und Obergeschoss entsprach zwar überhaupt nicht meinen Vorstellungen von einer angemessenen Behausung einer qualifizierten Kunstsammlung oder -ausstellung. Die waren eher von der großartigen Jugendstil-Kunsthalle in Mannheim geformt worden, die ich als Schüler des benachbarten Karl-Friedrich-Gymnasiums immer wieder besucht hatte. Die allgemeine, fast euphorische Zustimmung für den jedenfalls sehr praktikablen und zügig zu verwirklichenden Vorschlag war jedoch so groß, dass ich meine Vorbehalte zurückstellte und bereit war, an der Realisierung des neuen Vorschlags nach Kräften mitzuwirken.

Im Baudezernat wurden in kürzester Zeit die technischen Voraussetzungen des notwendigen Umbaus von Halle und Nebenräumen geprüft und geschaffen. Die Reaktionen von Förderverein, „Staatlicher Beratungsstelle für Museumsfragen“ in Tübingen und Vertretern der Gemeinderatsfraktionen, welche in Ortsterminen eingehend informiert wurden, reichten von grundsätzlicher Zustimmung bis zu großer Begeisterung. Bereits am 19. Januar 1988 war die Beratungsvorlage zum neuen Konzept für den Göppinger Gemeinderat fertig, und am 4. Februar 1988 fasste das Gremium unter Aufhebung der früheren Entscheidung für die Villa Netter einstimmig den „Grundsatzbeschluss“:

„Die geplante Städtische Galerie wird im Werkstattgebäude der früheren Gewerblichen Berufsschule am Nordring eingerichtet. Die Architektenleistungen werden an den freien Architekten Dipl. Ing. P.M. Dauner, Göppingen, ... vergeben.“

Das war folgerichtig, denn Architekt Dauner hatte sich von Anfang an und als aktives Mitglied des Fördervereins intensiv mit dem Projekt Städtische Galerie beschäftigt. Auch die Finanzie-

rung der neuen Planung war plötzlich kein Problem mehr. In den Haushaltsplan 1988 wurden gerade noch rechtzeitig die für die erste Ausbaustufe erforderlichen Mittel eingestellt. Planerisch und technisch waren nun die Weichen gestellt und die Realisierung der Galerieräume im Laufe des Jahres zu erwarten.
Jetzt machte es auch Sinn, Aufgaben und Ziele des Hauses zu definieren, ein Konzept für Organisation und Betrieb zu erarbeiten und die Leitungsfrage zu klären. Auch welche Rolle der Förderverein dabei spielen wollte und konnte, war zu besprechen, hatten manche seiner Mitglieder doch immer wieder den Wunsch nach einer Beteiligung an Programm und Ausstellungen geäußert. Allerdings war dazu in der Satzung schon geregelt worden, dass der Verein nach der Errichtung der Galerie in einen Kunstverein umgewandelt werde, dessen Ziel es sei, „auf die inhaltliche Gestaltung des Ausstellungswesens in der Städtischen Galerie Einfluss zu nehmen." Die ausführlichen Gespräche mit dem Verein über seine Ambitionen und Möglichkeiten führten schließlich zu dem einvernehmlichen Ergebnis, dass die Städtische Galerie von der Stadt durch einen hauptamtlichen Galerieleiter betrieben werden solle, dessen Arbeit vom Kulturausschuss des Gemeinderates begleitet werde. Der zukünftige Kunstverein würde jährlich ein bis zwei Ausstellungen selbständig in den Galerieräumen veranstalten und im Übrigen den Kulturausschuss fachlich beraten.
Jetzt fehlte zum erfolgreichen Start nur noch ein fähiger Galerieleiter nebst dem notwendigen Begleitpersonal für Büro und Aufsicht. Auf die Stellenausschreibung gingen 40 Bewerbungen ein. Nach einer an Qualifikation und Berufserfahrung orientierten Vorauswahl durch das Kultur- und das Personalamt lud ich sechs mir geeignet erscheinende Kandidaten zu einem Vorstellungsgespräch ins Rathaus ein, unter ihnen auch den 1953 in Stuttgart geborenen Werner Meyer. Er hatte Kunstgeschichte, Kulturwissenschaften und Philosophie in Tübingen und Paris

studiert und erste berufliche Erfahrungen bei der Staatsgalerie Stuttgart sowie bei der Hans-Thoma-Gesellschaft in Reutlingen erworben. Neben den studierten Fächern beeindruckten mich seine museumspädagogischen Kenntnisse und seine für die Kunstvermittlung wichtigen kommunikativen Fähigkeiten. Diese Kombination überzeugte auch die Mitglieder und Freunde des Fördervereins, unter ihnen den mit der Stadt schon lange verbundenen Künstler Klaus Heider, und schließlich den Gemeinderat, der Werner Meyer zum ersten Leiter der Städtischen Galerie wählte. Mit einer aufsehenerregenden Ausstellung neuer Arbeiten von Günther Uecker wurde die Städtische Galerie Göppingen am 18. Januar 1989 eröffnet.

„Eine friedliche Invasion", Auke de Vries in der Kunsthalle, 2013

Durch architektonische und bauliche Verbesserungen hat die Halle den Charakter einer Arbeitshalle weitgehend verloren und ist zusammen mit einer künstlerischen Gestaltung von Eingang und Treppenhaus zu einer attraktiven Ausstellungshalle geworden. 30 Jahre lang leitete und verantwortete Werner Meyer dann die folgerichtig in Kunsthalle Göppingen umbenannte Einrichtung erfolgreich und auf höchstem Niveau.

4. Wie weiter am Spitalplatz?

Was wurde nun aber aus dem Kunstwettbewerb für den neuen Spitalplatz? Dieser zentral in der Kernstadt gelegene Platz hatte nach dem Abbruch des alten Berufsschulgebäudes eine Randbebauung im Winkel und eine Baumreihe erhalten und sollte zum Abschluss noch mit einem plastischen Kunstwerk oder einem künstlerisch gestalteten Brunnen verschönert werden. Vorsorglich hatte das Baudezernat deshalb frühzeitig eine Brunnenstube im Untergrund einbauen lassen. Auf die Ausschreibung des landesweit offenen Kunstwettbewerbs vom April 1987 wurden 51 Arbeiten, darunter mehrere auch von Künstlern aus Göppingen und Umgebung, eingereicht. Das Preisgericht tagte also Ende November 1987 unter dem Vorsitz von Professor Lutz aus Stuttgart und unter Teilnahme von Baubürgermeister Schuckenböhmer als Fachpreisrichter und Oberbürgermeister Haller als Sachpreisrichter sowie einiger Gemeinderäte und Künstler. Als die Vergabe des 1. Preises und damit die Entscheidung des Gremiums für eine „runde Brunnenskulptur" aus Stahl des Neuenbürger Künstlers Bernd Hennig in der NWZ am 25. November mit Modellfoto und Beschreibung veröffentlicht wurde, organisierten die Anlieger des Spitalplatzes noch am gleichen Tag ih-

ren entschiedenen Widerstand gegen das Projekt. Sie drohten in einem offenen Brief an Oberbürgermeister und Gemeinderat ein „Referendum“ an, falls über ihre Köpfe hinweg entschieden würde, und beanstandeten eine mögliche Gefährdung von Passanten durch die Konstruktion und die Wasserrinnen, eine drohende Verschmutzung durch Hunde und vor allem, dass die rostende Stahlplatte das gepflegte Gesamtbild des Platzes störe. Der beherzte Vorschlag der Verwaltung, dann die mit dem 2. Preis ausgezeichnete Arbeit der bekannten Künstlerin Gerlinde Beck aus Mühlacker zu verwirklichen – diese hatte ein mit dem Siegerentwurf durchaus verwandtes Design – stieß ebenfalls auf Skepsis und Kritik.
In der Sitzung des Gemeinderats vom 3. März 1988 beantragte die CDU-Stadträtin von Buch für ihre Fraktion, auf die Errichtung einer der prämierten Arbeiten ganz zu verzichten und stattdessen dort Skulpturen und geeignete Kunst im Wechsel auszustellen. Die Idee stammte aus dem Förderverein Städtische Galerie. Als nach mehrheitlicher Ablehnung des CDU-Antrags die Verwaltung eine Entscheidung zwischen dem 1. Preis und dem 2. Preis mittels eines Wahlverfahrens herbeiführen wollte, verließ die CDU-Fraktion unter Protest den Sitzungssaal. Die verbliebenen 25 Stadträte votierten mit 18 Stimmen für den Siegerentwurf von Bernd Hennig und mit 6 Stimmen für den 2. Preis von Gerlinde Beck. Rechtlich war die Entscheidung, welcher Oberbürgermeister Haller eine gute Mehrheit bescheinigte, vielleicht sogar haltbar, kommunalpolitisch aber bedeutete sie das Scheitern des Wettbewerbs. Die ursprünglich gemeinsame Idee der Fraktionen, den Spitalplatz mit einem dauerhaft installierten Kunstwerk auszustatten, war geplatzt. Nach einigen Jahren ohne Kunst und Brunnen nahm der Kunstverein im Herbst 1993 die Chance wahr, den Platz mit eigenen Wechselausstellungen zu „bespielen“. Das Konzept schien zu gefallen, denn

1995 sanktionierte der Gemeinderat diese Praxis „ohne zeitliche Begrenzung“.
Im Herbst 1996 griffen dann Anlieger des Spitalplatzes selbst das Thema noch einmal auf und erklärten ihre Bereitschaft, sich an der Finanzierung eines künstlerisch gestalteten Brunnens zu beteiligen. Nach dem Desaster des Kunstwettbewerbs zehn Jahre zuvor schlug ich vor, dieses Mal nur drei anerkannte Künstler aus der Region direkt ansprechen, um Thema, Modell und finanziellen Aufwand unmittelbar zu klären. Aufgrund früherer Kontakte war es mir gelungen, den in Börtlingen-Breech lebenden Fritz Schwegler, vormals Professor an der Kunstakademie Düsseldorf, für die Aufgabe zu interessieren. Unvermittelt meldete sich nun öffentlich der neue Oberbürgermeister Reinhard Frank mit der Idee, in Erinnerung an den Einfall der Franzosen in Württemberg im Jahr 1688 die mutigen „Göppinger Weiber“ auf dem Platz plastisch abbilden zu lassen. Im Kulturausschuss des Gemeinderats (April 1997) gewann nach kontroverser Diskussion die Auffassung neue Freunde, nun doch einen Brunnen fest zu installieren; immerhin wartete ja die Brunnenstube schon viele Jahre auf die Erfüllung ihrer Zweckbestimmung. Man war auch bereit, dem Göppinger Kunstverein einen anderen Platz zur Durchführung seiner Wechselausstellungen zur Verfügung zu stellen. Im weiteren Verlauf zeigten sich aber die Erwartungen und Ansprüche der Beteiligten so unterschiedlich und widersprüchlich, dass die Initiative der Anlieger im Sande verlief. Wiederum nahm sich der Kunstverein kreativ der verwaisten Fläche an und führte noch weit bis in das nächste Jahrzehnt hinein Wechselausstellungen mit zeitgenössischen Künstlern durch. Eine davon ist mir besonders in Erinnerung geblieben, die Aufstellung der Stahlskulptur „Zibonike“ von Robert Schad im Jahr 2008. Das Werk verbindet phantasievoll schweren Vierkantstahl mit aufstrebender, fast filigraner Beweglichkeit und hat gut zum Spitalsplatz gepasst. Leider hat die Stadt da-

mals die Chance ausgelassen, diese zeitgenössische Plastik zur dauerhaften Verschönerung des Spitalplatzes käuflich zu erwerben, wie es einmal vor über 20 Jahren gemeinsames Ziel von Stadtverwaltung und allen Fraktionen war. Immerhin blieb das Werk dank des Ankaufs durch die Kreissparkasse in Göppingen und kann vor deren Haupteingang in der unteren Marktstraße besichtigt werden.

Robert Schads Zibonike zierte nur wenige Jahre den Göppinger Spitalplatz, vor 2015

Den Spitalplatz zieren nun neben Sitzbänken und Blumenrabatten halbhohe Wasserspritzen auf der Nullebene, wie sie heutzutage weit verbreitet sind.

Nachwort

Im Mai 1998 bin ich nach drei Amtsperioden und im 2. Amtsjahr meines dritten Oberbürgermeisters, Reinhard Frank, zusammen mit dem Kollegen vom Bau, Reinhard Schuckenböhmer, in den Ruhestand verabschiedet worden. In der Zeitspanne eines knappen Vierteljahrhunderts meiner und unserer Tätigkeit im Göppinger Rathaus ist sehr viel passiert, worüber man weitere „Geschichten“ wie oben schreiben könnte, bis hin zur Erfüllung heikler Staatsaufgaben. Dazu gehörte zum Beispiel die Bewältigung der ersten Flüchtlingswelle im Gefolge der Balkankriege in den ersten 90er Jahren des letzten Jahrhunderts, insbesondere die Unterbringung der von der Landesregierung plötzlich massenhaft zugewiesenen Flüchtlinge. Auch die Einrichtung des Jüdischen Museums in der alten Kirche in Jebenhausen, der Umbau des Alten E-Werks zur praktikablen Veranstaltungs- und Probehalle und der nach harten Verhandlungen äußerst günstig gelungene Rückkauf des alten Flugplatzes vom Bund würden dazugehören.

Aber auch über Niederlagen und Misserfolge hätte ich schreiben können, wie die verlorene OB-Wahl von 1980 oder den vergeblichen Versuch, einen echten, äußerst raren Kopf des berühmten Bildhauers Franz Xaver Messerschmidt (* 1736 Wiesensteig, † 1783 Pressburg) für das Museum zu ersteigern. Auch Ideen wie die Verlegung des Jugendgefängnisses, um den Marstall für städtische Zwecke zurückzugewinnen, oder die Etablierung eines Tagungshotels bei der Stadthalle, blieben ohne Erfolg. Solche und weitere „Geschichten“ hätten den Rahmen dieses Erinnerungsbuches aber gesprengt. Das gilt umso mehr, wenn hier noch mehr aus den Bergen oder der Welt von Kunst und Kultur erzählt würde.

Die unterschiedlichen Themen aus verschiedenen Zeiten erscheinen ziemlich durcheinandergewürfelt, aber zusammen er-

lauben sie eine gewisse Übersicht über ein langes Leben, das vor über 80 Jahren in scheinbar prosperierenden Zeiten begann. Wir „Kriegskinder“ haben dann mit Hilfe der Eltern den Bombenkrieg und die Not der Nachkriegszeit unversehrt überstanden und konnten uns danach ziemlich frei für eine Ausbildung oder ein Studium entscheiden. Die folgenden Jahrzehnte des Friedens, der Freiheit und des Fortschritts haben wir dankbar erlebt und genossen und unsere Chancen so gut wie möglich genutzt.
Mit den Erfahrungen des „Kalten Krieges“, der totalen Blockade von Westberlin im Jahr 1948, der kriegsträchtigen Kubakrise (1962) und auch des Ölschocks von 1972 wussten wir, dass der ewige Frieden, so sehr auch darum gerungen werden muss, eine schöne Hoffnung bleiben wird und dass auch wirtschaftlich die Bäume nicht in den Himmel wachsen. Mit etwas Familiensinn und Geschichtsbewusstsein haben wir auch zur Kenntnis nehmen können, dass die Generation unserer Eltern – geboren um die Jahrhundertwende – schlimmere Schicksalsschläge hatte erleben müssen als wir: zwei Weltkriege mit Toten auch in den eigenen Familien, zwei Staatspleiten mit verheerenden wirtschaftlichen und sozialen Folgen und schließlich das Unrechtssystem der Nazidiktatur. Mit diesen Erfahrungen haben wir uns eine kritische Distanz zu den „Aufständlern“ der 68er-Bewegung bewahrt, und wir haben uns über die deutsche Wiedervereinigung von Herzen und mehr gefreut als viele Jüngere, weil der Ruf der DDR-Bürger nach „Deutschland einig Vaterland“ in unserer Kindheit noch Realität war: das eine Deutschland.

Am Schluss bleibt ein Gefühl der Dankbarkeit – auch gegenüber Freunden und Begleitern im Leben und im Beruf. Zwei von ihnen seien hier besonders genannt:

Ich bin dem ehemaligen Kollegen im Göppinger Rathaus, Oberbürgermeister Hans Haller, für die gute und stets von Respekt geprägte Zusammenarbeit über 16 Jahre hinweg dankbar. Dieses von Sachorientierung und Vertrauen bestimmte Verhältnis, in dem auch die einem Beigeordneten gesetzlich gewährten Freiräume stets beachtet wurden, hat es mir nach dem Wahlkampf von 1980 ermöglicht, mich mit meiner Familie endgültig in Göppingen niederzulassen.

Sehr dankbar bin ich meiner Frau Hannelore. Wir sind uns 1959 zum ersten Mal in Mannheim begegnet und seit 1963 gemeinsam durch viele Höhen und Tiefen gegangen. Sie war zwar nur selten mit mir in den Bergen, aber immer partnerschaftlich an meiner Seite, und sie ist bis heute der Mittelpunkt unserer Familie. Nach meinem Buch über „Die Müllerfamilie Christ in Oberhessen“, erschienen 2012 im Manuela Kinzel Verlag, Göppingen, habe ich ihr gerne den Wunsch erfüllt, auch die Geschichte ihrer Berliner Familie und Vorfahren zu erforschen und aufzuschreiben. Mit ihrer starken Unterstützung wurde daraus das Buch „Von Baden nach Berlin und nach Baden zurück“ eine „Kleine Geschichte der Familien Markert, Hinkelmann, Staeudlein und Zwach“, wiederum bei Manuela Kinzel, 2018, erschienen. Es war mein besonderes Dankeschön.

Dankbar bin ich schließlich auch dem – nennen wir es Schicksal, bei dem sich mit dem Vermerk *„Empfänger unbekannt“* Hans Magnus Enzensberger einmal in launigen Versen bedankt hat „für die Wolken“ und das „Wohltemperierte Klavier“, aber auch für sein „sonderbares Gehirn“, den „Bordeaux“ und den „Schlaf“ und vielerlei sonst, was uns Menschen das Leben lebenswert macht. Für meine Frau Hannelore und mich füge ich hinzu: Besonderen Dank für die muntere Familie und ihren Zusammenhalt mit Gabriele und Remo, Scott und Kim, die Enkel Laura, Gerrit, Linda, Liska und Cameron und drei Urenkel.

Abbildungsnachweis

Buchdeckel: o.l. Städtisches Museum Göppingen,
o.r. NWZ-Foto 05.06.1974,
u.l. unbekannt, u.r. privat,

Vorsatz: Stadt Göppingen.

Umschlag hinten: Carl Krauchenberg,

S. 10: NWZ-Foto 08.03.1974,
S. 14: Collage: Hannelore Christ-Markert,
S. 62: Pressestelle US-Hauptquartier,
S. 64: Stadt Göppingen,
S. 70: Hinrichsen, Stadt Göppingen,
S. 74: Stadt Göppingen und Autor,
S. 109: DAV-Landesverband Baden-Württemberg,
S. 117: DAV-Landesverband Baden-Württemberg,
S. 128: DAV-Landesverband Baden-Württemberg,
S. 132: Dieter Dehnert,
S. 144: Kunsthalle Göppingen,
S. 148: Kunsthalle Göppingen,
S. 152: Johanna Neuburger,

Alle anderen: Autor oder privat.